Die Matinée

von Dr. Andreas Mohr

in der korrigierten Bühnenfassung von 2006

© 2023 Dr. Andreas Mohr
Covergrafik von: Sameena Jehanzeb

Druck und Distribution im Auftrag des Autors:
tredition GmbH, Heinz-Beusen-Stieg 5, 22926 Ahrensburg, Germany

Hinweise zum Aufführungs- und Vervielfältigungsrecht des Theaterstücks *Die Matinée*

Mit dem Kauf des Theatre Books *Die Matinée* erwirbt die Käuferin bzw. der Käufer das einmalige Recht zur Aufführung des in dem Buch enthaltenen Theaterstücks *Die Matinée*. Dieses einmalige Aufführungsrecht schließt die Premiere einer Inszenierung des Stücks und alle folgenden Aufführungen derselben Inszenierung einer Spielzeit oder eines Veranstaltungszyklus mit ein. Für alle davon unabhängigen weiteren Aufführungen und/oder Inszenierungen des Theaterstücks *Die Matinée* durch dieselbe Käuferin bzw. denselben Käufer oder eine dritte Person, die das Stück nicht erworben hat, ist die Erlaubnis des Autors einzuholen. Dies kann im Zuge einer Anfrage per E-Mail geschehen.

Die E-Mail kann an folgende Adresse gerichtet werden: Marignola@aol.com. In der Regel ist die Erteilung der Aufführungserlaubnis kostenfrei vorgesehen. Die weitere Nutzung von Verwertungsrechten, die über das einmalige Recht zur Aufführung hinausgeht, unterliegt ebenfalls der Notwendigkeit, zuvor die Erlaubnis des Autors einzuholen. Zu diesen Verwertungsrechten gehören unter anderem die Wiedergabe oder Aufführung, Zitation, szenische Darstellung auf der Bühne und der Abdruck des Theaterstücks – ganz oder auszugsweise – in Schriften oder Druckwerken.

Inhalt

Zur Einleitung

"Das bisexuelle Prinzip ist permanent damit beschäftigt, alles auf so wunderbare Weise zu vervollkommnen ..."; ein schwülwarmer Sommer in Kassel, irgendwann Ende der 1990er Jahre: Fünf Studierende treffen sich in der Wohnung eines Künstlers, um über Kunst und Literatur zu debattieren. Aber auch die menschlichen Verwicklungen sind nicht fern. Als am Vorabend auf einer Kunstvernissage sich ein junger Regisseur vergisst und einem Kommilitonen "einen Kuss auf die schöne Wange haucht", handelt er sich damit eine Backpfeife mit dem Schreibblock ein. Sowohl das Machoseelchen des jungen Regisseurs als auch die Angst um seinen guten Ruf haben arg unter diesem *rencontre d'amour* gelitten und so entspannt sich am folgenden Morgen ein Reigen der Irrungen und Wirrungen, eingebunden in ein von Aperçus nur so sprühendes Feuerwerk der Ironie und des sarkastischen Manierismus.

Als die Komödie "Matinée" im Sommer 2006 im Rahmen der damals noch alljährlich stattfindenden "schwulen Theatertage" im Open-Air-Odeon der Universität Kassel uraufgeführt wurde, gab es in Kassel noch ein Schwulenreferat, in der Regel geleitet von zwei Schwulenreferenten, als Teil der studentischen Selbstverwaltung. Der alljährliche Theateraufführungszyklus, welcher sich über mehrere Termine erstreckte, war der kulturelle Höhepunkt der schwulen Saison. Gegeben wurden seit Einführung der schwulen "Theatertage" Anfang der 1990er Jahre zunächst klassische Stoffe der Theaterliteratur, seit Ende der 1990er Jahre zunehmend auch von studentischen Stückeschreibern selbst verfasste dramaturgische Texte. Zumeist gab einer der beiden Referenten des Schwulenreferats bei einem literarisch versierten Kommilitonen ein Theaterstück in Auftrag – nur dem wechselvollen Geschmack des (vornehmlich schwulen) Publikums musste es entsprechen.

Das junge schwule Publikum – lauter junge Männer im Alter zwischen 19 und 35 Jahren – wollte sich im Sommer, genauer gesagt in den Sommerferien, amüsieren. Wer immer in diesen Jahren sich als junger

Schwuler in den Sommerferien einen amüsanten freien Nachmittag machen wollte, hatte verschiedene Möglichkeiten zu Gebote: Er konnte entweder in ein schwules Caféhaus gehen (bevorzugt das 2015 geschlossene "Café Suspekt") und bei Kaffee und Gebäckspezialitäten mit Gleichgesinnten ins Gespräch kommen. Er konnte ein Badehaus, d.h. eine Schwulensauna, aufsuchen und dort im Dampfbad schwitzen, Wein genießen und unter einer Kuppel aus farbigem Glas im Whirlpool liegen. Er konnte eine Schwulenbar aufsuchen und bei Cocktails und guten Gesprächen entspannen, er konnte im Schwulenreferat an der Universität die berühmte Bibliothek einsehen und beim Tee mit den Schwulenreferenten plaudern. Er konnte an einer der vielen Abendsoiréen teilnehmen und sich bei einem üppigen Buffet den Bauch vollschlagen – oder er konnte eben ins schwule Open-Air-Theater gehen.

Gespielt wurde im Rahmen der "schwulen Theatertage" üblicherweise von Mitte Juli bis Ende September. Da man im Odeon der Universität Kassel das Licht nicht regeln konnte – man spielte ja unter freiem Himmel an warmen Sommertagen – fanden die Theateraufführungen gewöhnlich am frühen Nachmittag statt. In den Hochsommermonaten Juli und August – wenn es bis nach 22 Uhr hell war – gab es an einzelnen Tagen auch abendliche Aufführungen. Für viele junge schwule Männer dieser Tage mag das mittägliche Geläut der Martinskirche wohl das Signal gewesen sein, sich allmählich auf den Campus und ins Odeon zu begeben. Wollte man das Theaterareal betreten, musste man erst am Rand der provisorisch abgesperrten Wiese vor dem Odeon das Kassenhäuschen passieren. Dort zahlte man üblicherweise ein Eintrittsgeld von 2,- € bzw. bis 2002 von 4,- DM und betrat dann das Open-Air-Areal des Theaterbetriebs. Ausgedruckte Eintrittskarten gab es nicht. Wer bezahlt hatte, durfte das eigentliche Areal des Theaterbetriebs betreten. Die Aufführungen begannen für gewöhnlich gegen 14 Uhr 30 und endeten – eine Pause eingerechnet – gegen 17 Uhr 30.

Die meisten Stücke, die seit Ende der 1990er Jahre bei den schwulen Theatertagen auf die Bühne kamen, waren eigens für dieses alljährliche Event geschrieben. Fast immer handelte es sich um Komödien, heitere Stücke mit Themen aus dem Lebensumfeld und dem Alltag der jungen schwulen und bisexuellen Männer, welche die Klientel des alljährlichen Theaterfestivals bildeten. Üblicherweise hatte einer der beiden Schwulenreferenten bereits im Jahr zuvor einen jungen Mann beauftragt, ein für die Saison des Folgejahres passendes Theaterstück zu schreiben. Von Februar bis Juli jeden Jahres fanden die Vorbereitungen statt: Kostüme mussten geschneidert oder besorgt werden, Requisiten beschafft oder selbst hergestellt, Kulissen aus Pappe gebastelt, bemalt und bereitgestellt werden. Ein paar freiwillig helfende Hände kümmerten sich als Bühnenarbeiter um Auf- und Umbau der Bühnenbilder und Requisiten, hinter dem Freilichtodeon lag in einem Gebäudetrakt der Universität eine kleine Zimmerflucht, die als Garderoben für die Schauspieler*innen genutzt wurde und wo man für diese Blumenbouquets und Getränke – vorzugsweise Sekt oder Champagner – bereitstellte. Andere Leute kümmerten sich um die Tontechnik oder verkauften in den Buden, die auf der großen Wiese vor dem Open-Air-Odeon aufgebaut waren, Essen und Getränke an die Zuschauenden. Auch das Kassenhäuschen wurde von einem eigens dafür abgeordneten Mitglied der Referatsgemeinde betreut, die Eintrittsgelder kamen der Kasse des Schwulenreferats zu Gute. Bei Aufführungen, die sich in den Abend hineinzogen, erhellte man zu später Stunde manchmal das Rund des Odeons und die Festwiese davor mit bunten Wachsfackeln. Dann konnten sich Gespräche, das gemeinschaftliche Trinken von Wein, Sekt und Bier sowie das ausgelassene Feiern mit Besucher*innen und Schauspielenden bis in die Nacht hinziehen.

Hatten die jungen Männer – und manchmal auch ein paar Freundinnen der Besucher bzw. lesbische Kommilitoninnen – den Festbereich betreten, so dürften das Essen- und Getränkekaufen, das Nüsseknacken, der Verzehr von Speisen und Getränken sowie der Kauf und das Lesen von Programmheften einen erheblichen Teil ihrer Aufmerksamkeit in Anspruch genommen haben. Ohne feste Platzkarten nahm man je nach Gusto auf den halbkreisförmig ansteigenden Rängen des Odeons Platz. Sowohl vor als auch während der Vorstellung war es üblich, Speisen und Getränke – vorzugsweise Wein und Bier – zu verzehren. Beliebt waren vor allem alle Sorten von Obst: Kirschen, Äpfel,

Birnen, Pfirsiche, Pflaumen und Aprikosen, aber die Essensbuden auf der Wiese vor dem Odeon boten auch Zuckerwerk, Lebkuchen, Gebäck und Trockenfrüchte an. Die Obstkerne warf man einfach in den Graben zwischen der Bühne und dem untersten Sitzrang. Besser betuchte Jungs und solche, die in Begleitung eines Kavaliers oder Verehrers kamen, brachten sich manchmal kleine Porzellanteller oder Konfektgabeln mit, mit denen sie dann schick angezogen, gabelpickend, elegant und ohne sich die manikürten Finger schmutzig machen zu müssen, Lebkuchen, Konfekt und Obststücke aufspießen und formvollendet zum Munde führen konnten. Geruhte einer der Schwulenreferenten die Theaterdarbietung mit seiner Anwesenheit zu beehren, so beauftragte er eigens einen oder zwei Jungs damit, so genannte "Austernjungs", mit kleinen Holzkisten, die frische und mit Eis gekühlte Austern enthielten, während der Aufführung durch die Ränge zu gehen und die Austern feilzuhalten. Da die Austern selbstredend geöffnet werden mussten, trugen viele der jungen Männer ein Messer bei sich.

Man kann sich unschwer vorstellen, dass es durchaus ein gewisses Gefahrenpotential in sich bergen konnte, wenn eine Horde in der Regel leicht alkoholisierter Jungmänner in größerem Umfang mit Messern bewaffnet war. Die Messer konnten eben nicht nur zum Austernöffnen verwendet werden. Wer immer bei einem solch feuchtfröhlichen Theaterabend, sei es beim Gespräch auf den Rängen, sei es in der Pause zwischen den Akten des Stücks, gegen den unter jungen Schwulen üblichen Verhaltenscodex verstieß, konnte sich unversehens in einer Schlägerei oder einem Messerduell wiederfinden. Derartige Gefahren waren durchaus keine realitätsfernen Imaginationen, sondern Ausdruck eines oft rauen Miteinanders in der schwulen Szene. Kampfszenarien waren umso mehr präsent, da Duelle mit Florett oder Messer ja auch auf der Bühne zu sehen waren. Wenn in dem im Sommer 2001 im Rahmen der schwulen Theatertage im Kasseler Odeon uraufgeführten Stück "Matt Shepard" Matt Shepards Lebenspartner Pedro Gianelli und ein anderer schwuler Junge in einer Bar in Lugano über einen nichtigen Anlass in Streit geraten, schließlich ihre Messer ziehen und sich auf der Bühne einen Schaukampf liefern, so werden die Jungs im Publikum die Anspielung auf ihren eigenen Lebensalltag in der Szene wohl verstanden haben. Hierzu ein kleiner Auszug aus dem Theaterstück "Matt Shepard" (2001):

Pedro: "He, du elender Schurke, du wagst es, meinem Freund ehrabschneiderische Fragen zu stellen? Zieh das Messer, elender Feigling!"

Matt: "Halt ein, Pedro, deswegen einen Kampf riskieren? Unser Direktor verbot solche Händel unter Schülern unserer Schule!"

Luca: "Seht ihn euch an, den wackeren Pedro! Führt große Reden, aber hat keinen Schneid. Was für ein Racker, ein Racker! Kämpfe, verfluchte Memme!"

Pedro: "Dich Hund will ich lehren, meinem Freund beleidigende Fragen zu stellen!"

Er zieht sein Messer, Luca folgt. Sie gehen aufeinander los. Sie fechten (Regieanweisungen).

Selbstverständlich dürften derartige Szenen wohl eher als eine Form sehr zweifelhaften Anschauungsunterrichts auf offener Bühne gewirkt haben, denn als Abschreckung. Versuche von Seiten der Leitung des Schwulenreferats, die Jungs von ihren eigenwilligen Ehrvorstellungen abzubringen, zeigten ebenso wenig Wirkung, wie es manchen moralbeflissenen Referenten misslang, die Männer von ihren – nicht selten promisken – amourösen Abenteuern abzubringen. Die Anlässe, die ausreichten, um die Ehre eines jungen Mannes derart zu kränken, dass dieser das Messer zückte, konnten manchmal sehr nichtig sein.

So genügte es während einer Theateraufführung im Jahr 1997, dass ein junger Mann einem gleichaltrigen jungen Adeligen eine "intimsphärenverletzende Frage" stellte, sodass dessen Begleiter das Messer zog und auf den indiskreten Frager losging – mit fatalen Folgen. Das Duell endete in einer fast das ganze Publikum in Mitleidenschaft zie-

henden Massenschlägerei, die zum Abbruch der auf der Bühne laufenden Theaterdarbietung führte und nur durch einen Polizeieinsatz
beendet werden konnte. Einige Streithähne trugen gefährliche Stich-
verletzungen davon. Drei Jahre später eskalierte während der Aufführung des ersten Aktes einer Theaterdarbietung ein Streit zwischen
zwei jungen Männern auf den Rängen des Odeons, weil der eine dem
jugendlichen Begleiter des anderen die Sicht auf die Bühne versperrt
hatte. Auch diesmal gipfelte das Rencontre in einer Messerstecherei
im Theater.

Im Allgemeinen besuchten die Referenten die öffentlichen und für
wenig Geld für jede Person zugänglichen Aufführungen im Odeon nur
selten. Lieber ließen sie sich in dem kleinen Garten vor den Räumlich-
keiten des Schwulenreferats eine eigene "private" Holzbühne über die
Sommermonate aufbauen und setzten sich mit ihrer Entourage im
Rahmen eines kleinen, erlesenen Publikums auf eine Empore vor der
provisorischen Bühne. Dort ließen sie sich dann von der aktuellen
Schauspieler*innentruppe bei Champagner, Trüffeln, Kaviar und Austern Privatvorstellungen des gegenwärtig im Rahmen der schwulen
Theatertage laufenden Stücks geben. Infolge einer Kooperation mit
dem Ballettdirektor des Kasseler Staatstheaters und dessen damaliger
Balletttruppe fanden in den Sommermonaten der Jahre 2000 und 2001
auf den provisorischen Holzbühnen im Referatsgarten zur Erbauung
des Schwulenreferenten und seiner Entourage auch klassische Ballettaufführungen statt.

Demgegenüber gestaltete sich das Treiben bei den nachmittäglichen
und abendlichen öffentlichen Theateraufführungen sehr lebhaft. Das
Publikum gab lautstark seine Kommentare zur Darbietung ab, feuerte
einzelne Schauspielende an, man aß, trank und spielte während der
gesamten Vorstellung mit Würfeln auf den Rängen. Gefiel ein Stück
oder eine Szene dem Publikum nicht, konnten durchaus laute Buhrufe
durch das Odeon klingen. Einmal mussten die Schauspieler*innen
schleunigst die Bühne verlassen, da das unzufriedene Publikum
anfing, sie mit Austernschalen und Obstkernen zu bewerfen. Anderer-
seits konnten Lachsalven bei Gefallen einer komödiantischen Darbie-

tung so ausgelassen ausfallen, dass die Schauspielenden minutenlang auf der Bühne pausieren mussten, so lange, bis das Publikum aufgehört hatte, mit seinem schallenden Gelächter jedes auf der Bühne gesprochene Wort zu übertönen.

Wein und Bier flossen in Strömen und das Gröhlen von Liedern, der beständige Konsum von Alkohol und Speisen – Lebkuchen, Waffeln, Obst, Knabbereien, Austern und anderen Leckereien – begleitete nicht nur die Pausen, sondern auch die eigentliche Aufführung selbst. Die Inhalte der Stücke waren in vielen Fällen Reminiszenzen an den schwulen Alltag – nur unangenehme Themen wie schwulenfeindliche Gewalt oder HIV fehlten völlig. In keinem einzigen der Stücke der 1990er und 2000er Jahre kommen die Themen HIV oder AIDS vor, obwohl sie zu einem nicht unerheblichen Teil das schwule Leben dieser Jahre mitprägten und die Angst vor diesen gesundheitlichen Gefahren letztlich immer zwischen den Zeilen "lauerte", wenn sie auch auf der Bühne niemals offen angesprochen wurde. Der Alltag der jungen Männer, welche diese Stücke schrieben, aufführten und je nach Gusto beklatschten oder ausbuhten, wurde in vielfältiger Weise auch von der Sorge um gesundheitliche Gefahren und der Angst vor HIV geprägt. Umso erstaunlicher ist das völlige Fehlen dieser Lebensbereiche in der Welt der studentischen Bühnendarbietungen.

Insofern stellt der Fluch, den der am Ende seines Messerduells mit Pedro Gianelli in einer Bar in Lugano an der Schulter durch einen Hieb verletzte junge Mann Luca dem Pedro und seinem Freund Matt Shepard wütend entgegenschleudert, während er selbst eine Blase aus Kunstblut auf dem Rund der Bühne des Odeons entleert, schon eine Ausnahme im Themenrepertoire der schwulen Theatertage dar. Dieser Fluch mag auch damals den Jungs, die ihn über die Bühne hallen hörten, mulmig und drohend in den Ohren geklungen haben, wussten sie doch alle, dass er letztlich auch mit den Gefahren und Bedrohungen ihres eigenen Alltags zu tun hatte: "Die Syphilis über eure beiden Familien!"

Personen des Stücks

Der Weltgeist

Die Öffentliche Meinung

Marcus H.[1], ein Bildhauer und Maler

Bärbel M., eine Germanistin

Sascha D., ein Architekt und Stadtplaner

Jens G., ein Theaterwissenschaftler und Dramaturg

Michael K., ein Historiker

Lukas M., der Maître d' Hotel eines Cafés in Cassel

Gäste eines Cafés in Cassel

Zwei oder drei Kellner des Cafés

Ort der Handlung

Die alte kurhessische Residenzstadt Cassel, dort die Wohnung des Künstlers Marcus H, sodann ein Café im Westen Cassels, die große Wiese vor der Löwenburg im Bergpark Wilhelmshöhe

Zeit

Der Sommer des Jahres 1999

---

[1] Die/der inszenierende Regisseur*in möge die Nachnamen der im Stück vorkommenden Personen je nach Belieben variieren; es sei ihr/ihm jedoch empfohlen, die Anfangsbuchstaben derselben beizubehalten.

Prolog

(Das Wohnzimmer der Wohnung des Marcus H. in Cassel an einem Sonntagmorgen im Juli. Auf der linken Seite der Bühne steht eine Tür offen, die in die Küche führt. Der Raum gibt durch drei Fenster die Sicht auf eine Straße im Vorderen Westen frei. Es herrscht gedämpftes Licht. Nachdem der Vorhang sich gehoben hat, ertönt aus einem Lautsprecher der Stereo-Anlage der Csárdás aus Léo Delibes Musikstück 'Coppélia Suite', Dauer: 4 Minuten, 19 Sekunden. Sobald die Musik verklungen ist, betreten der Weltgeist und die Öffentliche Meinung durch die Küchentür die Bühne.)

Der Weltgeist: Welch denkwürdiger Tag bricht an!

Die Öffentliche Meinung: Gewiss, die Musen sind bereit, den Tag mit lieblichem Gepränge zu schmücken.

Der Weltgeist: Und Eros ist von Neuem erwacht. Huldvoll blickt er hinab auf des Herkules Stadt.

Die Öffentliche Meinung: Und Aphrodite tritt ihm zur Seite. Noch schlummert die Stadt der Künste in süßen Träumen, noch liegt sie in des Morpheus Armen, hingegossen in die kurhessischen Hügel.

Der Weltgeist: Eros und Aphrodite, diese beiden Himmelswesen, wenn sie sich ergänzen, so durchtränken sie die Herzen der Sterblichen mit der Vervollkommnung der Liebe und mit den mannigfaltigen Leidenschaften, die in der Brust eines jeden Menschen walten, nicht nur in den Herzen der Bewohner der Documenta-Stadt.

Die Öffentliche Meinung: Die beiden Schelme machen sich nicht selten einen üblen Scherz daraus, gerade auf dem Gebiet der Herzensdinge Verwirrung zu stiften. Sollten wir den braven Casselenern, Casselanern und Casselern nicht noch etwas Ruhe gönnen, nach einem so turbulenten Tage?

Der Weltgeist: So sehr ich dies auch begrüßte, der unerbittliche Chronos ist dagegen. Wohlan, die Nacht ist vorüber, schon steigt Aurora auf, dies helle Morgenlicht eines neuen, sonnendurchfluteten Tages zu begrüßen.

Die Öffentliche Meinung: Was er wohl bringen mag?

Der Weltgeist: Dem einen Selbsterkenntnis, dem anderen Offenbarungen, einem Dritten vielleicht Bestätigung. Es war eine stürmische Nacht.

Die Öffentliche Meinung: Wohl war! Stürmisch war die Nacht, stürmisch war aber auch die Verwirrung der Emotionen, die der gestrige Tag so manchem Bewohner dieser Stadt ins Herz pflanzte. Wie mir nichts zu entgehen pflegt, so bemerke ich nun, dass Einiges von den Vorkommnissen des gestrigen Tages wohl die moralische Kritik herausfordert. Ein Ehegatte, der bisweilen vom Weg der Treue seiner Gattin gegenüber abweicht, ein Regisseur, der im emotionalen Überschwange einen jungen Historiker küsst und schließlich ein allzu sittenstrenger Künstler. Findet Ihr das nicht denkwürdig?

Der Weltgeist: Es steht mir nicht an, Zensuren zu verteilen. Ich wirke grad hier, grad dort, wo es dem Weltengeschick entspricht. Kränze flechte ich keiner der verschiedenen Liebesformen der Sterblichen, mit Ausnahme der einen ganzheitlichen, die aus der Synthese von Eros und Aphrodite hervorgeht und die Herzen von Männern und Frauen mit gleicher Flamme entzündet.

Die Öffentliche Meinung: Doch kommt Euer Lorbeer die Irdischen recht teuer zu stehen. Verwirrt jenes Prinzip ihre Herzen doch nicht selten über alle Maßen.

Der Weltgeist: Dazu sind die Sterblichen nun einmal bestimmt. Wir sahen dies ja gestern Abend auch im lieben Fridericianum.

Die Öffentliche Meinung: Diese Vernissage hat einiges an Verwirrung entfacht. Hat doch der an der Ausstellung beteiligte Bildhauer Marcus seinen Freund und Nachbarn, den jungen Historiker Michael mitgebracht.

Der Weltgeist: Ja, und eine mit diesen beiden befreundete Germanistin namens Bärbel war auch zugegen, ebenso wie der Theaterwissenschaftler und Regisseur der hiesigen Studentenbühne ...

Die Öffentliche Meinung: ... welcher einen unbeobachteten Augenblick geschickt ausnutzte, dem Michael einen Kuss auf die liebliche Wange zu hauchen und dafür in Anwesenheiten der Crème der künstlerisch interessierten Casseler Studentenschaft eine Ohrfeige mit dem Schreibblock kassierte. Man sollte doch annehmen, dass die jungen Männer in dieser Hinsicht heutzutage großzügiger seien. Man stelle sich vor, der Vertreter des Astas der hiesigen Universität begäbe sich in eines der autonomen Studentenreferate auf dem Campus, um dort über irgendeine Angelegenheit zu verhandeln. In diesem Referat nun träfe er einen reizvollen jungen Mann, der sein Gefallen fände und im Überschwang des schönen Sommertages würde er diesem Kommilitonen einen Kuss geben. Na, da würde der junge Mann doch nicht ..., und wenn der tatsächlich würde, na, dann würde der Vertreter des Astas doch nicht ...

Der Weltgeist: ... aber wir schreiben den Sommer des Jahres 1999 und befanden uns gestern auf einer Vernissage der Casseler Kunstakademie. Und da 'gendert' Gender noch sehr!

Die Öffentliche Meinung: Vielleicht ein wenig zu sehr! Aber ich glaube, wir sollten nun gehen. Dort kommen Marcus und Jens und diese beiden haben gewiss etwas Wichtiges und Delikates zu besprechen. *(beide ab; Marcus H. und Jens G. betreten die Bühne)*

Erster Akt

Jens G.: O, welch eine Nacht liegt hinter mir! Erst gehen die Gefühle mit mir durch, dann muss ich Hohn und Regen ertragen und nun auch noch diese Schmach!

Marcus H.: Nur die Ruhe, lieber Freund! So schlimm wird es schon nicht werden. Du wirst Michael zwar wiedersehen, doch er ist gewiss kein Unmensch. Gelegenheit, das Ganze zu klären.

Jens G.: Kein Unmensch? Hier *(deutet auf seine linke Wange)* hat mich der Schlag getroffen – mit dem Schreibblock ins Gesicht! Ja, zum Donnerwetter noch einmal! Dieser stolze Historiker fühlte sich durch den Kuss beleidigt, dabei hätte dieser kleine, harmlose Schmatzer doch nur umso mehr seinen ephebenhaften Charme unterstrichen.

Marcus H.: Es wird nichts so heiß gegessen, wie es gekocht wird, mein Lieber. Nun warte doch erst einmal unsere heutige Matinée ab. Vielleicht ergibt sich dort die Möglichkeit zu einer Aussöhnung.

Jens G.: Aussöhnung? Weißt Du, wie mir nach dieser Ohrfeige zu Mute war? Was glaubt dieser dunkelblonde Lockenschopf eigentlich, wer er ist? Ich stand blamiert vor der gesamten Gesellschaft in diesem hell erleuchteten Foyer und hatte noch das Sektglas in der Hand. Wenn mich nicht die Contenance zur Zurückhaltung gezwungen hätte, so hätte ich ihm den Sekt in sein hübsches Gesicht geschüttet. So etwas mir! Ja, lieber Freund, wegen dieses schönen Burschen bin ich nun blamiert, ganz Cassel spricht bestimmt schon davon. Kuss hin oder her – wir leben in einem aufgeklärten Zeitalter, aber eine Backpfeife mit dem Schreibblock, das geht mir an die Ehre!

Marcus H.: Ich muss sagen, einem Mann wie Michael stünde es wirklich an, den Kuss von einem Regisseur **deines** Formats huldvoll entgegenzunehmen.

Jens G.: ... sich jedenfalls nicht wie eine zickige kleine Gans aufzuführen. *(im Hintergrund Geräusche, Sascha D., Bärbel M. und zuletzt Michael K. betreten den Raum)*

Marcus H.: *(zu Jens G. gewandt)* Nur ruhig Blut, das wird sich alles wieder finden. *(an alle gerichtet)* Seid gegrüßt, liebe Freunde. Willkommen in meinem Haus! Ich hoffe, ihr seid trotz des Gewitters, das sich gestern Abend über der Stadt abregnete, guter Laune.

Bärbel M.: Nachdem Jens wutschnaubend durch das Portal des Fridericianums in den strömenden Regen enteilt war, erhielt auch meine Lust an der Ausstellung einen Dämpfer.

Sascha D.: Könnte dies vielleicht an der *Schlagkraft* der Argumente eines gewissen Historikers gelegen haben?

Marcus H.: *(eilt mit ausgestreckten Armen Bärbel M. entgegen, begrüßt sie mit einer Verbeugung sowie einem charmant ausgeführten Handkuss)* Madame, Du siehst heute wieder wie eine Rose aus dem Garten des Olymps aus, wahrhaftig wie eine Mischung aus la belle Hélène und der fleischgewordenen Venus. Hätte der Trojanische Krieg nicht schon stattgefunden, um Deinetwillen müsste man ihn vom Zaune brechen.

Bärbel M.: *(fühlt sich über die Maßen geschmeichelt und lächelt huldvoll)* Ooch, Du Charmeur! Da erkennt man wirklich den Gentiluomo alter Schule.

Jens G.: *(mit missmutigem Blick und ironischem Unterton)* Bei so viel sentimentalem Gesülze wird einem ja regelrecht schlecht! Da trieft der pathetische Schmalz ja förmlich aus den Metaphern. *(Bärbel M. schießt wütende Blicke auf Jens G. Alle Protagonisten begeben sich auf ihre Sitzplätze)*

Marcus H.: Also, liebe Freunde, wohlan! Die Erlebnisse und Irrungen der zurückliegenden Nacht stecken uns gewiss noch allen in den Knochen. Dennoch treffen wir uns heute Morgen zum vierten Mal in unserem kleinen kulturellen Salon zur Matinée um über bildende Kunst, Dramaturgie und nicht zuletzt belletristische Literatur zu sprechen. Wir alle haben gestern den turbulenten Auftakt der Fotoausstellung im Fridericianum miterlebt, Sekt, Küsse, Ohrfeigen und Gewittertreiben. Doch nun zum künstlerischen Aspekt dieses Fotoprojekts. Auch von meiner eigenen Arbeit sind einige Stücke dabei. Ich gehe davon aus, dass alle die Ausstellung trotz der delikaten Vorkommnisse auch wirklich gesehen haben. Ich selbst habe mich mit einem Fotoprojekt beteiligt, das nach dem Prinzip der Collage gefertigt war. Viele zeigen Menschen oder Gegenstände in unterschiedlichen Kontexten. Wie fandet ihr's?

Jens G.: Ich fand die Ausstellung mit großer Kunstfertigkeit gemacht. Diese Kunstfertigkeit steht in den Projekten der einzelnen Künstler im Dienst der Darstellung oder der Intention, mit der diese Künstler auf die Fragmentarisierung unserer postmodernen Gesellschaft aufmerksam machen wollen. Vor allem die Fotographien im zweiten Stock, auf denen manchmal auch halbnackte, aber immer einzeln abgelichtete, Menschen zu sehen waren, erinnern mich an die Intention, die Zersplitterung des postmodernen Individuums in unserer zerrissenen Gesellschaft aufzuzeigen.

Sascha D.: Aber hat die Art der Darstellung, entschuldige, wenn ich das als Nicht-Künstler so frage, nicht auch etwas mit Erotik zu tun? Wozu diese vielen halbnackten Körper?

Marcus H.: Dadurch, dass die abgebildeten Modelle teilweise ihrer Kleidung entledigt sind, wird doch deutlich, dass der gegenwärtige Mensch mehr oder minder schutzlos den verschiedenen Unbilden der pluralistischen, postmodernen Gesellschaft ausgeliefert ist. In gewöhnlichen Zusammenhängen schützt die Kleidung den Menschen – sie ist gewissermaßen ein Schutzpanzer. Indem der Künstler diesen wegnimmt, suggeriert er, dass das dadurch dargestellte Individuum auch seines sozialen Schutzes beraubt wird und sozusagen den Risiken, Widersprüchen und Anfeindungen einer immer mehr in Fragmente zerfallenden Gesellschaft preisgegeben ist.

Bärbel M.: Aber die Ausstellung zeigt ja auch Videokunst. Einige Konzeptionen dieser Videodarstellungen sind mir nicht ganz klar. Geht es Euch hierbei darum, an Elemente der Pop-Art-Bewegung der frühen 1980er Jahre anzuknüpfen?

Marcus H.: Der Bezug zur Pop-Art-Bewegung und im Spezielleren gerade zu Andy Warhol spielt selbstredend, auch in meinem eigenen Schaffensprozess, eine zentrale Rolle. Kennt ihr beispielsweise das Werk, bei dessen Entstehung Warhol auf Leinwand uriniert hat und die Punkte des Auftreffens des Urinstrahls auf der Leinwand quasi 'Lokalisationspunkte' darstellen?

Michael K.: Mir stellte sich beim Betrachten der Fotos die Frage, wieweit die Fotodarstellungen dieser Ausstellung etwas mit Reiseerfahrungen zu tun haben könnten. Sie machen nämlich auf mich den Eindruck von Urlaubsfotos. *(missmutiges Grollen bei Jens G. und Marcus H.)* Ja, meine Herren, ich wage es, ganz ketzerisch auszusprechen: Urlaubsfotos!

Marcus H.: Hier sollten wir doch erst mal über den Kunstbegriff an sich sprechen. Nicht alles, was im fotographischen Bereich produziert wird, können wir unter dem Begriff der Kunst fassen. Diese Darstellungen sind aber eindeutig Kunst, denn ... *(wird von Michael K. abrupt unterbrochen)*

Michael K.: Wieso gehören diese Aufnahmen von Menschen und Gegenständen Eurer Auffassung nach zur Kunst, wieso meine privaten Urlaubsfotos nicht? Hat nicht gerade Joseph Beuys, der große Altmeister Eures Faches, immer wieder darauf hingewiesen, dass jeder Mensch ein Künstler sei? Was unterscheidet also beispielsweise meine Fotos von denen im Fridericianum, die Du, Marcus, eben der Sphäre der Kunst zugerechnet hast. Kann nicht auch, wenn man die Aussage von Beuys zu Ende denkt, die Oma von nebenan Fotos machen und diese dann als Kunst begreifen?

Jens G.: Das kommt auf die Oma an ...

Marcus H.: Das jeder Mensch ein Künstler sei, gewiss, das ist ein Ausspruch von Beuys. Das heißt aber nicht, um sich einmal des von Dir, lieber Michael, gewählten Beispiels zu bedienen, dass wir uns alle gegenseitig unsere Urlaubsfotos um die Ohren hauen können und das dann als Kunst missverstehen. Das Verständnis der Kunst richtet sich nach den ästhetischen Maßstäben, die in jeder historischen Epoche andere sein mögen, die aber nicht einfach jedes irgendwann einmal gemachte Foto befähigen, als künstlerisch angesprochen zu werden.

Michael K.: Darum geht es mir doch primär gar nicht. Ich frage mich, ob nicht in den in dieser Ausstellung zu sehenden Fotografien auch Chiffren für das Reisen, Unterwegssein, Überschreiten von Grenzen, verborgen sein könnten. Sozusagen das Heraustreten aus dem eigenen, vertrauten, heimischen Bereich in unbekannte Gefilde. Seht Euch beispielsweise die Irrfahrten des Odysseus an, wie wir sie bei Homer beschrieben finden ... *(wird nun seinerseits von Jens G. abrupt unterbrochen)*

Jens G.: Sag' mal, Michael, wie machst Du das eigentlich, dass Du, egal welches Thema man diskutiert, spätestens nachdem etwa 20 Sätze gefallen sind, auf Homer zu sprechen kommst?

Michael K.: Die Odyssee ist insofern interessant, als dass uns darin zum ersten Mal in der Literaturgeschichte das Konzept eines neuen Heldentums entgegentritt, das aber auch mit der Überschreitung von Grenzen und Reiseerfahrungen zu tun hat. Odysseus ist die erste Figur in der Literaturgeschichte des östlichen Mittelmeerraumes, die nicht mehr einen tragischen Tod erleiden muss, wie die Figuren der Illias, um ein Held zu werden. Er kann, quasi wie wir heute lebenden Menschen, aus einer Art Urlaub zurückkehren – deshalb der Bezug zu den Urlaubsfotos.

Marcus H.: Aber Jens hat recht. Ich habe allmählich den Eindruck, das ist bei Dir eine Art fixe Idee.

Michael K.: Wieso eine fixe Idee?

Marcus H.: Weil du immer auf Homer zu sprechen kommst.

Michael K.: Ich sehe in diesem Zusammenhang einzelne Bestandteile der Odyssee als paradigmatisch an. Und zwar deshalb, weil sie, wie ich finde, sozusagen anthropologische Grundkonstanten des Menschseins chiffrieren, die im ersten Jahrtausend vor Christus ebenso aktuell waren, wie sie heute noch aktuell sind. Denkt zum Beispiel an das Überschreiten von Trennungslinien, die Erfahrung der Fremdheit, die Konstruktion von Eigenem und Fremden und projiziert dann diesen meinen Gedankengang auf Eure Fotoausstellung, oder auch, um einen thematischen Schlenker zu machen, Deine Fotocollage, Marcus. Odysseus ist *das* Paradebeispiel der Geistesgeschichte für Unterwegssein, Getriebensein, Fremdheitserfahrung. Noch heute sprechen wir als geflügeltem Wort davon, dass jemand eine Odyssee unternimmt; Homer nennt Odysseus ja auch wörtlich einen πολύπλανχθος (Polyplanchthos). *(Jens G. fällt ihm ins Wort)*

Jens G.: Homers πολύπλανχθος interessiert mich nicht. Bitte komme mir nicht schon wieder mit Deinem Philhellenentum. Deine ganze Rhetorik ist mit Metaphern und Figuren der griechischen Mythologie und Geschichte geradezu durchtränkt. Du scheinst als Kind Gustav Schwabs 'Sagen des klassischen Altertums' offenbar tatsächlich mit Löffeln gefressen zu haben. Aber das ist typisch für Dich. Du trinkst ja auch immer diesen grässlichen, geharzten griechischen Weißwein, wie heißt der nochmal?

Michael K.: *(hält Jens G. demonstrativ sein Weinglas entgegen)* Retsina. Hier, Jens, möchtest Du mal probieren?

Jens G.: Einen Teufel werd' ich tun und sowas trinken.

Michael K.: Ach, das ist gar nicht so übel. Nach den ersten 500 Litern gewöhnt man sich daran, da schmeckt man den Harzgeschmack auch gar nicht mehr heraus.

Jens G.: Dass Dein schlanker und zierlicher Körper überhaupt diesen ständigen Alkoholmissbrauch aushält! Das grenzt allmählich an ein medizinisches Wunder.

Marcus H.: Kinder, wir sollten beim Thema bleiben! Hier über Geschmacksfragen bezüglich griechischen Weißweins zu streiten, macht keinen Sinn.

Michael K.: Sehr richtig, mein lieber Marcus. Jens kann es einfach nicht ertragen, dass es einen Menschen auf Erden gibt, der einen anderen Geschmack hat und eine andere künstlerische Ästhetik vertritt, als er selbst.

Jens G.: Ja, eine verknöcherte Neorenaissance-Ästhetik des 19. Jahrhunderts, die ihre großen Ideale in den Plastiken und Bauwerken der griechisch-hellenistischen Antike und des romantisch verklärten Mittelalters sucht und durch diese Antikenerfahrung das Wahre, Edle und Große wieder zusammenstoppeln will. Deine Fiktion von der stillen Einfalt und der edlen Größe ist Illusion, Michael, da sie nur kitschigen Historismus hervorruft.

Marcus H.: Diese Ästhetik produziert sozusagen eine Antikenrezeption und man glaubt dann, damit einen vermeintlichen Geist der Antike eingefangen zu haben.

Michael K.: Ich stehe nach wie vor auf dem Standpunkt, dass ästhetische Maßstäbe unter anderem dadurch gewonnen werden können, dass der Mensch sich den Erfahrungen der Natur, der edlen *(Jens G. kichert verächtlich)* – ja, Jens, lache Du nur –, der edlen Natur, wie wir sie zum Beispiel bei Goethe geschildert finden, der dies in seinen italienischen Reiseerfahrungen ... *(wird erneut von Jens G. unterbrochen)*

Jens G.: Mit diesem Stichwort reißt Du Dir selbst eine Art Maske von Deinem hübschen Gesicht, Michael. Ich kann mich da an einen gewissen Geschichtsstudenten aus Cassel erinnern, wann war das *(tut so, als überlegte er)*, ach ja, im Mai 1997, da fuhr dieser Student mit seiner

Professorin und ein paar Kommilitonen zu einer wissenschaftlichen Exkursion nach Rom. Wie wirst Du Dich dort wohl in Szene gesetzt haben?! Leider war ich nicht dabei, aber gegen den Spaß, Dich als gekünstelten Goethe-Verschnitt durch Rom stolpern zu sehen, hätte ich liebend gerne fünf Engagements als Regisseur an der Wiener Burg abgelehnt. Ja, ja, die stille Einfalt und die edle Größe! Und als Du dann im Juni wieder zurückkehrtest, du lieber Gott! Die Legendenbildung um diese Exkursion, die im Übrigen auch – das muss man fairerweise dazusagen – von anderen Teilnehmern mit aufgebaut wurde, nahm alsbald unerträgliche Ausmaße an. Und das Zelebrieren des Fotozeigens – im Nachhinein auf schwarz-weiß getrimmte Fotos, damit alles antiquierter wirken sollte – es wollte nicht aufhören! Jeder, der halbwegs geistreich und gebildet war in Cassel zu dieser Zeit, wurde von Dir mit Deinen Romlegenden überschüttet, getreu Deines offensichtlichen Mottos: Mein Arkadien ist die römische Campagna. *(an Michael K. gewandt)* Du wolltest mit diesem Projekt Goethes 'Italienische Reise' nachempfinden, gib's zu!

Marcus H.: Also ich muss gestehen, dass ich nicht mit irgendwelchen Romgeschichten zugeschüttet wurde. Allerdings habe ich Michael auch erst Anfang 1998 kennengelernt.

Jens G.: *(sichtlich erregt)* O, Du Beneidenswerter! O, Du Beneidenswerter!

Michael K.: Selbstverständlich hat mich die Antikenerfahrung an dieser Exkursion besonders gereizt. Das habe ich immer betont und unumwunden eingeräumt, auch wenn, wie Euch bekannt ist, das Motto des Projekts von 1997 'Rom im Mittelalter' lautete.

Jens G.: Ja, damit das Kind einen Namen hatte, aber eigentlich hätte es 'et ego in Arcadia' heißen sollen, wenn's nach Dir gegangen wäre, aber da hat Deine Professorin nicht mitgespielt. Hast Du zusammen mit den übrigen Exkursionsteilnehmern nicht sogar einen kunsthistorischen Reiseführer verfasst?

Michael K.: Sehr richtig, mit dem gleichen Titel: 'Rom im Mittelalter'. Ich weiß gar nicht, was Du hast. Ein befreundeter Kunsthistoriker hat ihn just in diesem Frühjahr auf seiner eigenen Rom- und Italienfahrt benutzt. Vor allem die detailgetreuen Beschreibungen der antiken Monumente ... *(wird aufs Neue von Jens G. unterbrochen)*

Jens G.: Genau das meine ich! Detailgetreue Beschreibungen irgendwelcher Monumente. Das kannst Du als Historiker meinetwegen machen, wenn sich freiwillig jemand findet, der das liest, sein Bier. Aber ich gebe offen zu, dass es mich nicht interessiert! Mich interessiert das heutige Rom, die pulsierende, fragmentarisierte Großstadt, mit ihren Slums, sozialen Problemen. Michael, Du warst in der Stadt Pier Paolo Pasolinis, und alles, was Dir – ich zitiere aus Deinem eigenen Reiseführer – an Deinem freien Tag in Rom einfiel, war, den Circus Maximus, die Traiansäule und das Kolosseum aufzusuchen, die Du dann auch beschreibst, zum zehntausendsten Mal, da bereits zig Reiseführer in diesem Stil vorliegen. Lieber Michael, Du bist nicht Goethe!

Michael K.: Selbstverständlich bin ich nicht Goethe. Goethe hat auch Theaterstücke geschrieben, nimm meinetwegen den Egmont. *(macht eine rhetorische Pause)* Ich würde nie im Leben ein Theaterstück schreiben.

Jens G.: Du könntest auch keines schreiben, weil Du dazu absolut kein Talent hast. *(Michael K. schnauft wütend auf und richtet böse Blicke gen Jens G.)*

Marcus H.: Kinder, Kinder, das führt doch zu nichts!

Michael K.: Ach übrigens – bitte, Marcus, lass mich noch diesen einen Satz entgegnen – trifft Dein Vorwurf, Jens, ich hätte nur antiken Resten und versunkenen Trümmerhaufen nachgespürt, damals in Rom, nicht ganz den Kern der Sache. Wie Du weißt, denn Du hast meinen Reisebericht ja offenbar intensiv studiert *(Jens G. nickt ihm lächelnd zu)*, war ich einmal sogar im Bereich der schwulen Cruising-Area Roms, auf dem Kapitolshügel. Ich habe also durchaus auch soziale Brennpunkte aufgesucht und im Übrigen: Der von Dir offenbar so geschätzte Pasolini dürfte sich dort oben auch mehrfach herumgetrieben haben.

Jens G.: Lieber, verehrter Michael, der einzige Grund, warum Du dort oben in die Cruising-Area geraten bist - ohne es zu wollen geraten bist - war die pikante Tatsache, dass Du an diesem Abend auf der Suche nach den Resten des antiken Jupitertempels warst, der auf dem Kapitol stand. Außerdem hast Du den Tarpeischen Felsen gesucht, der zufällig im Gebiet der Cruising-Area liegt. Also nichts mit Brennpunkte aufsuchen wollen. Du bist mehr oder minder zufällig da hineingestolpert, so sieht's doch aus! Zumindest, wenn das stimmt, was Du damals geschrieben hast. Und wo Du's schon einmal erwähnt hast: Mag sein, dass Pasolini tatsächlich ab und zu dort aufgetaucht ist, aber bestimmt hat er dort etwas anderes gesucht als die Reste des Jupitertempels!

Marcus H.: Kinder, ich denke, wir sollten diese unfruchtbare Diskussion an dieser Stelle abbrechen und wieder zur Fotoausstellung zurückkehren, um die es ja eigentlich heute Vormittag gehen sollte. Also, Michael, über Deinen Einwand mit den Urlaubsfotos kann man sich, wie wir ja eben sahen, streiten. Sascha, Du hattest eben doch etwas zur Frage nach erotischen Momenten anzumerken. Könntest Du diesen Faden ...

Michael K.: ... der Ariadne, der Ariadne!

Marcus H.: *(funkelt Michael K. böse an)* ... also diesen Faden wieder aufgreifen?

Sascha D.: Für mich spricht sowohl aus der Collage, an der Du beteiligt warst *(schaut Marcus H. an)*, als auch aus einigen der übrigen Fotos der Aspekt der Erotik. Diese teilweise halbnackten Darstellungen hatten auf mich eine durchaus erogene Wirkung ...

Jens G.: Ist ja hochinteressant!

Sascha D.: *(demonstrativ Jens G.s' Einwurf ignorierend)* Auf mich machte das Ganze den Eindruck, als wollten die Künstler mit der Idee, die abgebildeten Personen teilweise nackt darzustellen, auch an andere künstlerische Konzepte der Aktfotographie anknüpfen. Ich denke hier beispielsweise an zeitgenössische Aktfotographen. Die Ästhetik des nackten menschlichen Körpers, die aber auch gleichsam eine Chiffre für Entfremdung, für das sein kann, was Du, Marcus, eben mit 'Schutzlosigkeit' bezeichnet hast. Die Modelle stehen ja zum Teil vor abenteuerlich anmutenden Hintergründen, in ungepflegten Gartenanlagen, auf Schrottplätzen. Aber trotzdem dringt die Kraft des Eros des männlichen wie weiblichen nackten Körpers, an dem der Betrachter sich ergötzen kann – he, he, he – *(kichert lustvoll in sich hinein)* stets durch. Das ist schon beeindruckend. Wie gesagt, ich fühlte mich an die Werke erotischer Fotographen erinnert.

Marcus H.: *(mit gekünstelt säuselnder Stimme)* Aber, lieber Sascha, solche Herren sind doch nun wirklich keine Fotographen mit künstlerischen Ambitionen.

Sascha D.: Was denn sonst?

Marcus H.: Das sind bestenfalls Boulevardknipser. Die meisten Fotographen oder Regisseure, die mit Aktmodellen arbeiten, sind keine Künstler.

Sascha D.: Ach nein? Und was ist dann mit Andy Warhol und dem eben schon erwähnten Pasolini? Haben die nicht auch mit Aktfotographie gearbeitet? Gerade einige Werke Warhols könnte man durchaus bereits unter dem Begriff der Pornographie fassen.

Marcus H.: *(mit gekünstelt aufgeregter Stimme)* Jetzt wird Deine Argumentation aber ganz haarig! Man soll doch bitte den Namen des Herren nicht unnütz im Munde führen. Warhol und Pasolini *(extrem gekünstelte Stimme)* Uuuuuh ... Uuuuh! Gleich führst Du noch Jean Cocteau an, was? Mein lieber Sascha, das, was laienhafte Nacktfotographen gelegentlich abliefern, mag teilweise *(macht eine drehende, abfäl-*

lige Handbewegung) ganz nett sein. Ab und zu sieht eines der Modelle auch mal ganz passabel aus; es hat manchmal durchaus einen gewissen Charme. Nur – mit Kunst hat das alles nichts zu tun. Das ist trivial. Das ist Dreck. Billiger Exhibitionismus für Leute, die für so etwas empfänglich sind.

Sascha D.: Siehst Du, jetzt bricht bei Dir wieder der künstlerische Übervater durch. Aber Du argumentierst ja immer so elitär. Wenn man Deinen Ausführungen so zuhört, könnte man auf folgende Idee kommen: Da gibt es offenbar eine Institution, ein deutsches Patentamt für Kunst, und da sitzt dann jemand und sagt: Zeigen Sie mir mal ihren Foto- oder Bildband und ich sage Ihnen, ob das was mit Kunst zu tun hat oder nicht.

Marcus H.: *(sichtlich erregt)* Ja, ja, so eine Institution gibt es!

Sascha D.: So, gut. Dann möchte ich jetzt von der Institution gerne mal die Kriterien erfahren, die Warhols Pornobilder zur Kunst und die Aktfotos anderer Fotographen nicht zur Kunst machen.

Marcus H.: Sascha, lieber Freund, jetzt höre mir mal zu. Es gibt natürlich nicht nur eine Instanz, sondern mehrere.

Sascha D.: Gut, aber die Oberguru-Instanz sitzt in Cassel an der Kunstakademie und heißt Marcus H. Und sieht sich selbst als Nachfolger Andy Warhols.

Marcus H.: Na, nun werd' bitte nicht polemisch. Es gibt viele Institutionen, weil viele Menschen ein Gespür für Kunst haben oder dieses entwickeln können. Michael hat vorhin dankenswerterweise auf den guten alten Beuys-Ausspruch hingewiesen, dass jeder Mensch letztlich ein Künstler sei. Demnach ist auch jeder grundsätzlich – *(widersprechendes Gemurmel macht sich breit)* – nein, halt Kinder, lasst mich ausreden! Grundsätzlich können wir aus diesem Satz von Beuys ableiten, dass jeder Mensch das Gespür, grundsätzlich die Sensibilität in sich trägt, um unter Umständen, beispielsweise durch ein Kunststudium,

Kunstsinn zu entwickeln. Das heißt aber nicht, dass die Oma XY ins Fridericianum gehen und sagen kann: Das gefällt mir, also ist es Kunst und das gefällt mir nicht, also ist es keine Kunst.

Sascha D.: Ich hatte Dich aber nicht nach der Oma XY, sondern nach den Kriterien gefragt, die die Fotos von Warhol zur Kunst machen und die Fotos von anderen Aktfotografen ... *(Marcus H. unterbricht ihn abrupt)*

Marcus H.: Lass' mich noch diesen Gedanken zu Ende führen; Moment, Moment, Moment, Moment! Sascha, Du gehst methodisch schon wieder viel zu schnell vor. Also, es gibt sehr viele Menschen, die das Zeug dazu haben, irgendwann einmal Kunstverständnis zu entwickeln. Es gibt auch eine ganz passable Anzahl von Leuten, die diesen Kunstsinn bereits entwickelt haben: ergo, es gibt so viele Instanzen, so viele Menschen es von der zweiten Kategorie gibt, die ich eben genannt habe. Eine dieser Institutionen heißt zum Beispiel Sascha D.

Sascha D.: Da staune ich aber, dass ich neben dem großen Übervater zu bestehen vermag. Also für mich liegt der Maßstab, ob eine Aktfotographie künstlerischen Wert hat oder nicht, in der Ästhetik, mit welcher der nackte menschliche Körper dargestellt wird. Schaut Euch z.B. die ganz passable Reihe von Fotographinnen an, die ja auch ganz gezielt mit der Erotik der Körper von Frauen spielen.

Jens G.: Ja, das entscheidende Problem bei diesen Künstlerinnen ist nicht nur, dass die mit dem weiblichen Körper spielen, was allein für sich genommen schon schlimm genug ist, sondern auch selbst weiblichen Geschlechts sind.

Bärbel M.: *(an Jens G. gewandt)* Hast Du noch mehr frauenfeindliche Sprüche auf Lager?

Jens G.: Oh, pardon, ich vergaß, dass Du emanzipiert bist.

Marcus H.: Kinder, lasst uns zur Kunst zurückkehren! Bitte jetzt keine Grundsatzdiskussionen über den Wert der Aktfotographien von Künstlerinnen. Sascha, in eben diesem Punkt gehen unser beider Auffassungen eben auseinander. Es kommt nicht auf die Ästhetik irgendeines Körpers an – das ist Bettelkram. Wen das interessiert, der soll in den nächsten Erotikshop gehen. Mich interessiert das nicht die Bohne. Das Entscheidende ist die Intention, die hinter der Darstellung des nackten Körpers steht. Das, was der Künstler damit beabsichtigte, das, was er damit aussagen wollte. In vielen Fällen geht es nämlich gar nicht darum, irgendwelche Nackedeis zu präsentieren, das kannst Du an jedem Kiosk an der nächsten Straßenecke haben. Nein, nein, nein, es geht um die Intention. Ich war neulich auf einer Vernissage und da wurden unter anderem auch Aktfotographien junger Künstler prämiert und mit Preisen ausgezeichnet, durchaus ganz Beachtliches darunter. Ich habe dafür plädiert, einem jungen Künstler den dritten Preis zu geben oder irgendetwas in der Art, wie hieß der noch mal – ach egal, ich kann mich an den Namen nicht mehr erinnern ... *(wird von Jens G. unterbrochen)*

Jens G.: N.N.[1]! *(tosendes Gelächter von allen Seiten)*

Marcus H.: *(dreht den Oberkörper, wild gestikulierend, in Richtung Jens G.)* O nein, Jens, o nein! An **diesen** Namen kann ich mich sehr wohl erinnern! Nein, es war irgendein begabter Student einer Kunstakademie. Ich habe für die Prämierung der Arbeit dieses jungen Studenten nur aus einem einzigen Grund gestimmt, nur aus einem einzigen!

Sascha D.: Na, jetzt bin ich aber gespannt wie ein Flitzebogen.

Marcus H.: Weil dieser junge Künstler das Publikum wachrütteln wollte. Darum geht es, Sascha. Nicht darum, ob irgendein weiblicher Körper irgendwie aussieht.

---

[1] Die/der inszenierende Regisseur*in möge an dieser Stelle den Namen eines regional bekannten Künstlers einsetzen, vorausgesetzt, dieser hat sich mit der Nennung seines Namens einverstanden erklärt.

Jens G.: Hört, hört. Und das aus Deinem nachweislich heterosexuellen Munde!

Marcus H.: Die Frage meiner Liebesorientierung lässt Du mal bitte meine Sorge sein, Jens. Der besagte Student, dessen Name mir entfallen ist, wollte mit seinen Aktfotographien die Spießbürgerlichkeit von Teilen des Publikums entlarven, sozusagen den Spießern die Masken vom Gesicht reißen. Das habe ich mit meiner Collage und den dort teilweise unbekleideten Modellen auch versucht.

Bärbel M.: Aber ist gerade das nicht ein Trugschluss vieler Künstler? Den Spießer per se entlarven zu wollen? Ich denke, dass dies in unserer heutigen pluralistischen Gesellschaft nicht mehr geht. So unrecht hat Sascha nicht, wenn er auf intentionsunabhängige ästhetische Qualitäten mancher Fotoserien, insbesondere der von Frauen kreierten, hinweist. Durch die weibliche Künstlerin wird der weibliche Körper nämlich dem männlichen, voyeuristischen Auge entzogen. Der weibliche Körper ist nicht mehr nur ein Objekt des männlichen Fotographen ...

Jens G.: (*demonstrativ zu Bärbel M.*) Verehrteste, vielleicht hast Du Dich in der Veranstaltung geirrt. Wir sind hier in einem künstlerisch-kulturellen Salon und nicht im männerfeindlichen Kaffeekränzchen des Autonomen Frauenreferats der Uni.

Bärbel M.: Das ist eine Äußerung, wie ich sie aus Deinem Munde erwartet hätte!

Marcus H.: (*auffordernd, mit gefalteten und gen Himmel erhobenen Händen*) Kinder, Kinder, ich bitte Euch: Bleibt doch sachlich! Es geht doch in diesem Zusammenhang um die Intention, um das, was hinter dem Konzept der besagten Ausstellung stand.

Bärbel M.: Ich bin der Ansicht, dass man den Spießer heutzutage nicht mehr so leicht entlarven kann, weil der Spießer längst entlarvt ist. Es gibt unzählige Bücher, Filme, Theaterstücke, die zumeist den

Geist von 68 atmen und die es sich zur intellektuellen Aufgabe gemacht zu haben scheinen, das kleinbürgerliche, spießige Milieu, die angebliche Brutstätte des Faschismus, zu entlarven. Aber so einfach funktionieren diese Prozesse nicht, wie mancher Künstler sich das denkt. Wir hängen ein paar Bilder mit halbnackten Leuten in eine Ausstellung und dann werden die kleinbürgerlichen Spießer schon das Zetern anfangen. Tut mir leid, Marcus, aber auf mich wirkt das zu platt.

Michael K.: Kann es sein, lieber Marcus, dass Du das Konzept der Ausstellung deshalb so vehement verteidigst, weil Du selbst als Künstler daran beteiligt bist?

Marcus H.: Weil ich da mit zwei, drei Projekten ... *(wird von Jens G. unterbrochen)*

Jens G.: Mit vier Projekten, Herr Kollege, mit vier Projekten!

Marcus H.: Kinder, ihr seid ungerecht. Ihr lasst mich nie ausreden.

Alle anderen im Chore: *(besonders mitleidig klingend)* Oooo-ooooocchhhhhhh!

Marcus H.: *(sichtlich aufgeregt, macht eine abwinkende Handbewegung)* Na, von mir aus auch mit vier Arbeiten! Himmelherrgott! Also weil ich mit vier Arbeiten dabei war, glaubst Du, Michael, verteile ich hier Lorbeeren?

Michael K.: Ja genau, das vermute ich.

Marcus H.: Verehrtester, da muss ich Dir leider widersprechen. Ich habe die Ausstellung alleine wegen ihres künstlerischen Wertes, ihrer gelungenen Konzeption und der genialen Intention, die dahinterstand, gerühmt.

Michael K.: Ach so, wenn's weiter nichts ist! Na, dann bin ich ja beruhigt.

Marcus H.: Kinder, ihr seid ungerecht. Alle seid ihr ungerecht. Ich werde hier systematisch in eine Minderheitenposition getrieben.

Bärbel M.: Dich kann man gar nicht in eine Minderheitenposition treiben, Marcus. Du bist auch als Einzelperson, ganz für Dich allein genommen, schon ein 'Mehr'!

Marcus H.: Liebe Bärbel, wenn Du auch heute Morgen noch niemals recht hattest, mit dieser Bemerkung eben hattest Du vollkommen recht! *(allgemeines Gelächter, nur Bärbel M. schmollt)* Kinder, lasst uns zu unserer Diskussion zurückkehren, wir sind hier schließlich nicht im Urlaub. Also, wir sollten bezüglich der Ausstellung zum Abschluss kommen, damit wir uns gleich zum Brunch ins Café aufmachen können, wo uns hoffentlich ein spannender Austausch über das von Jens vorgeschlagene Bühnenstück erwartet. Also: kurzes Résumé zur Ausstellung?

Bärbel M.: Du und Jens fanden's gut, ich fand's fragwürdig, Sascha fand's anregend und Michael hatte genug damit zu tun, seinen Schreibblock als Degen zu benutzen.

Marcus H.: Na, dann bin ich als armer diskriminierter Außenseiter doch mal wieder in der Minderheit.

Alle anderen im Chore *(erneut besonders mitleidig klingend)* Oooooccchhhhhh!

Jens G.: Können wir jetzt bitte endlich essen gehen? Mir hängt der Magen schon in der Kniekehle! Auf ins Café! *(alle erheben sich, ziehen sich ihre Mäntel an und verlassen nach und nach die Bühne, sodann fällt der Vorhang)*

Zweiter Akt

(Der Innenraum eines Cafés in Cassel. Einige Tische und Kaffeehausstühle, im Hintergrund eine Theke mit Kuchenauswahl. Livrierte Kellner laufen mit Tabletts durch den Raum, etwa 10 Gäste beiden Geschlechts in nobler Garderobe sitzen an den Tischen und führen bei Tee, Kaffeespezialitäten und Kuchen leise Gespräche im Hintergrund. Sobald der Vorhang sich erhebt, treten die Protagonisten aus dem Ersten Akt mit Ausnahme des Weltgeistes und der Öffentlichen Meinung ins Café ein und suchen sich einen großen Tisch, an dem sie sich niedersetzen. Sogleich eilt ein Kellner mit Speisekarten herbei, der sich als der Maître d' Hotel des Etablissements entpuppt.)

Maître d' Hotel: Marcus, Jens, meine lieben Freunde, wie schön Euch zu sehen! Wie ich sehe, habt ihr schon Platz genommen. Hier die Speisekarten für Euch; ich kann Euch aus der Küche heute ein exzellentes Himbeersoufflé empfehlen. *(er reicht den Protagonisten die Speisekarten).* Darf ich schon Getränkewünsche aufnehmen?

Marcus H.: Grüß Dich, Lukas. Für mich bitte eine Flasche Wasser, für unseren Kreis hier bitte zwei Flaschen Champagner, eine Flasche Orangensaft und zwei Flaschen des exzellenten Rieslings, den Du in Deinem Haus ausschenkst. Wegen des Essens orientieren wir uns noch.

Maître d' Hotel: Sehr wohl, ganz wie's beliebt! *(macht sich einige Notizen auf einem Schreibblock mit dem Bleistift, macht einen tiefen Diener und entfernt sich in die nahegelegene Küche des Cafés)*

Jens G.: Michael, so wie ich Dich kenne, wirst Du doch sicherlich wieder Körner und Salat essen, oder?

Michael K.: Ich achte eben auf Taille und das sollten gewisse Dramaturgen auch einmal tun ... *(nimmt seine Speisekarte und vertieft sich in diese, ebenso verfahren Sascha D. und Bärbel M.)*

Bärbel H.: *(beiläufig beim Lesen der Speisekarte)* Gut geschnattert, Graugans!

Marcus H.: Wie dem auch sei! Nachdem wir uns nun hier ein wenig akklimatisiert haben, lasst uns zu dem von Jens vorgeschlagenen Bühnenstück kommen. Dieses Stück Theatergeschichte entstammt den späten 60er Jahren. Es handelt sich um das umstrittene Werk 'Orgia' von Pier Paolo Pasolini, der ja vorhin schon mehrfach erwähnt wurde. Jens, da der Vorschlag von Dir kam, kläre uns doch bitte zunächst über den Inhalt des Stücks auf, bevor wir in den Gedankenaustausch einsteigen können.

Jens G.: *(räuspert sich)* Gerne, Marcus, ich will's tun. Für mich stellt 'Orgia' eines der ausgeklügeltsten und reifsten Stücke des 20. Jahrhunderts dar. Es atmet den Geist der 68-Generation mit all ihren Implikationen und ideologischen Voraussetzungen. Worum geht es im Einzelnen? Ein kleinbürgerliches Ehepaar möchte aus der gewohnten, zivilisierten Spießerwelt ausbrechen. Die Frau unterwirft sich als willige Masochistin ihrem Mann, der zum Sadisten mutiert. Es folgen einige sadomasochistische Szenen, die auch mit recht entlarvenden und zynischen Texten unterlegt sind. Nach einer sadomasochistischen Orgie, die physisch und letztlich auch psychisch die Charaktere und ihre kleinbürgerliche Welt zerstört hat, tötet die Frau zuerst ihre Kinder und dann sich selbst. *(der Maître d' Hotel erscheint mit einem Tablett, darauf die bestellten Getränke in Flaschen und stellt diese zusammen mit Wasser- und Weingläsern auf den Tisch. Während Jens G. mit seinem Monolog fortfährt, gießt der Maître nach und nach allen Beteiligten Getränke in die Gläser)* Der inzwischen vom Sadismus begeisterte Mann will die sadomasochistische Versuchsanordnung erneut mit einer jungen Prostituierten durchspielen. Diese wehrt sich aber im Laufe des Stelldicheins, es kommt zu Handgreiflichkeiten zwischen den beiden und die Prostituierte kann dem Mann zum Schluss sogar entkommen, der sich daraufhin als verkleideter Transvestit aufhängt.

Maître d' Hotel: Ihr habt aber Gesprächsthemen: Holla die Waldfee!

Michael K.: *(dabei mit dem Kopf schüttelnd und mit gequälter Stimme sprechend)* Jens, Du erzählst uns auch wirklich alles!

Maître d' Hotel: Was darf ich den Herrschaften zu Essen bringen? *(zückt den Notizblock und notiert sich nach einander die Bestellungen)*

Marcus H.: Für mich bitte das Spanferkel in Sherrysauce an Bärlauchpesto.

Sascha D.: Ich hätte gerne die Wachteln an Kirschsauce.

Bärbel M.: Ich begeistere mich für die Crème brûlée aus Ziegenkäse mit Feldsalat.

Jens G.: Für mich bitte die Gemüsesuppe, anschließend das Rumpsteak, aber bitte englisch! Ich mag Blut, und zwar nicht nur Theaterblut.

Marcus H.: So ist's recht. Man sollte Rindfleisch essen zu dieser Jahreszeit.

Michael K.: Für mich bitte den Sommersalat mit Kräutern und Schafskäse, anschließend den Grießbrei. Verwendet ihr hier Gerstengrieß?

Maître d' Hotel: Leider verwenden wir nur Weizengrieß. Ist das in Ordnung?

Michael K.: Ja, danke.

Maître d' Hotel: Vielen Dank für die Bestellungen. *(entfernt sich)*

Bärbel M.: So, nun wieder zurück zu unserem Bühnenstück. Wenn ich den Inhalt richtig verstanden habe, dann geht es vor allem um eine Kombination aus Gewalt und Sexualität, die dem Menschen ja sonst eigentlich Freude bereiten sollte. Sie wird hier für den Leser bzw. Zuschauer aber zur Quelle absoluter Unlust.

Jens G.: Bärbel, an dieser Stelle bin ich mit Dir ausnahmsweise mal einer Meinung. Pasolini will selbstredend Sexualität dekonstruieren. Er will den verlogenen spießigen Cant bloßstellen und die Machtstrukturen der kleinbürgerlichen Patriarchalgesellschaft entlarven.

Bärbel M.: Das Wort 'entlarven' kommt in deinem Wortschatz aber ziemlich häufig vor, mein Lieber.

Michael K.: Das haben manche Künstler so an sich. Auf mich wirkt 'Orgia' als bewusst provokante Spiel mit Perversionen.

Sascha D.: Aber im Grunde ist es doch gar kein Drama, in welchem übermäßige Ausschweifungen oder Perversionen dargestellt werden.

Michael K. *(mit aufgeregter Stimme)* Doch, doch, doch, doch, doch!

Sascha D.: Nein!

Michael K.: Doch!

Sascha D.: Nein, denn Orgia zeigt ja, bitte entschuldige, Michael, ganz durchschnittlichen ehelichen Beischlaf.

Michael K.: Also dann habe ich ein anderes Stück gelesen.

Marcus H.: Ja, ich auch. *(lacht)*

Sascha D.: Aber ... *(wird erneut von Michael K. unterbrochen)*

Michael K.: Ich habe durch aus Perversitäten darin gefunden. Das kann ich hier gar nicht alles schildern. Aber um Euch nur die harmlosesten Beispiele zu nennen: Die Frau wird geschlagen, auf die Frau wird uriniert. Das nennst du einen ganz normalen Alltag? Wie, um Himmels willen, sieht Dein Privatleben aus, Sascha?

Sascha D.: Also, das, das ... das Abartigste in dem Stück ist doch zum Schluss, wo dargestellt wird ... *(wird erneut unterbrochen)*

Michael K.: Und dazu noch Pasolinis Sprache! Aber der größte Kritikpunkt besteht für in dieser Repetitionsverliebtheit: *(mit sichtlich genervt wirkendem Unterton und bettelnder Handgebärde)* Das Stück tritt so fürchterlich auf der Stelle! Herrn Pasolini fällt nach den ersten 5 Seiten nichts Neues mehr ein! Immer wieder dieselben nihilistischen Exzesse.

Jens G.: Aber Pasolini tut dies doch mit solch einer sprachlichen Virtuosität, mit dramaturgischer Gewandtheit. Das ist so gelungen, wie hier dem kleinbürgerlichen Spießer die Maske heruntergerissen wird.

Marcus H.: Glaubst Du wirklich? Ich hatte bei der Lektüre dieses Werkes den Eindruck, dass Pasolini ausgesprochene Schwierigkeiten hat, überhaupt über Geschlechtliches zu schreiben. Er liefert ja letztlich auch keine wirklich genauen Angaben.

Michael K.: Na, das fehlte ja wohl auch noch! Das fehlte ja wohl auch noch! Das Problem liegt doch nicht darin, dass Pasolini nicht über Geschlechtliches schreiben kann. Das Problem liegt schlichtweg darin, dass Pasolini überhaupt nicht schreiben kann! *(missmutiges Grollen bei Jens G.)*

Jens G.: Selbstverständlich konnte er das, er war einer der genialsten Dichter des 20. Jahrhunderts.

Michael K.: Dann erkläre mir doch bitte einmal, warum der geniale Dichter nur mit abgedroschenen Klischees arbeitet. Der kleinbürgerliche Spießer soll angeblich entlarvt werden. Also, was macht der Mann? Er lässt nichts aus, was das Alt-68-Programm der angeblichen Spießbürgerlichkeit erwartet. Er spult lediglich seine Vorurteile ab, in einem fort. Und es ist alles so verheuchelt! Es ist ein ganz schreckliches Stück. Aber noch schlimmer als die Phantasie dieses friaulischen Edelmannes ist die Tatsache, dass das Buch so schmal ist. Es ist dünn und mager, aber ich dachte, es sei das längste Buch, das ich je gelesen habe: *(gequält ausrufend)* Es nahm kein Ende! Und dann diese ganzen gekünstelten, aufgesetzten Perspektiven, die immerfort wechselten! Es war mir ab einem gewissen Punkt so egal, ob der Mann nun als gerade erhängter Transvestit einen Monolog hält, oder ob die Ehefrau als Masochistin gefoltert wird oder ob der Mann als Sadist die Prostituierte schlägt oder ob das Mädchen als Nutte dem Mann entkommen will. Es war immer wieder dasselbe!

Marcus H.: Ja, das Schreckliche ist ja auch, man hat vier Monate an diesem schmalen Heftchen zu kauen. Ich habe die Lektüre dieses Werkes vor vier Wochen beendet und kann mich an nichts mehr erinnern.

Michael K. *(ausrufend)* Du bist zu beneiden! Du bist zu beneiden!

Jens G.: *(wendet sich demonstrativ zum Publikum)* Aber nur durch drastische Darstellung kann das Publikum aufgerüttelt werden!

Michael K.: Aufrütteln? Durch die erotischen Ambitionen eines friaulischen Studiosus?

Jens G.: Weißt Du, lieber Michael, was Dein größtes Problem ist?

Michael K.: Du wirst es mir zweifelsohne unlängst verraten ...

Jens G.: Dass Du Dein hübsches Näschen ständig in Angelegenheiten und Sachverhalte steckst, von denen Du nicht die geringste Ahnung hast. Du magst Dich auf dem Gebiet der antiken und mittelalterlichen Geschichte auskennen, bist vielleicht auch ein wenig grammatikalisch und theologisch bewandert, aber von Theater, gutem Theater, professionell gemachtem Theater, verstehst Du so wenig wie ein Blinder von der Farbe.

Michael K.: Und weißt Du, was Dein größtes Problem ist? Dass Du Dich als nordhessischer Pasolini-Verschnitt selbst inszenierst. Es fehlte nur noch, dass Du mit einem Alfa Romeo ankämst und die Maskerade wäre perfekt. Schwarz genug sind Deine Haare ja.

Bärbel M.: *(mit sichtlich vergnügtem Unterton)* Mit dieser Feststellung, werter Kollege, dürftest Du des Pudels Kern wohl formidabel getroffen haben!

Jens G.: *(mit ironischem Unterton)* Sieh an, sieh an, die Hetero-Emanze und der hellenistisch versponnene Urning Hand in Hand ...

Bärbel M.: Vielen Dank für die Blumen, verehrter Herr Regisseur. Wenigstens hast Du mich nicht als Kampflesbe bezeichnet.

Jens G.: Für eine Lesbe von echtem Schrot und Korn fehlt Dir das Format und Geschlechter-Maskerade traue ich Dir nicht zu.

Marcus H.: *(verwundert klingend)* Was um alles in der Welt ist Geschlechter-Maskerade?

Michael K.: Wenn man vorgibt, eine andere geschlechtliche Orientierung zu haben als dies in realitas der Fall ist. Beispielsweise ein Heterosexueller, der einen Homosexuellen spielt, um sich dadurch irgendwelche Vorteile zu verschaffen ... *(wird von Jens G. unterbrochen)*
Jens G.: Du glaubst in Deiner Hybris wirklich, irgendjemand wäre scharf drauf, Deine durch Plunderkram wie Weihrauch, mit Blattgold verzierten Marienstatuetten, Homer-Editionen, Mykonosreisen und drittklassigen Ballettaufführungen geprägte Homo-Idylle nachzuahmen? Ich glaube, Du überschätzt Dich und Deine gesellschaftliche Gruppe ein wenig.

Michael K.: Bitte, Jens, mach' doch aus unserem Treffen hier kein Kabarett. Was ich mit Blick auf dieses Theaterstück, von dem wir eben sprachen, nicht verstehe, warum sexuell konnotierte Dekonstruktion des menschlichen Körpers auf der Bühne in der heutigen Zeit noch jemanden aufrütteln sollte. Das ist doch alles Alt-68er-Schnee. Das kann man doch heutzutage in jedem Swingerclub haben.

Marcus H.: Jetzt setzt Du mich aber für die Lokalitäten, die Du offenbar zu kennen scheinst, aufs Äußerste in Erstaunen, verehrter Michael. Gerade von Dir hätte ich das am Allerwenigsten erwartet.

Michael K.: Werter Kollege, ich kann Dir versichern, dass sich meine Ambitionen, sich einem solchen Etablissement auch nur zu nähern, entschieden in Grenzen halten.

Jens G.: Na, dann sind wir ja beruhigt. Ich dachte schon, Du fielest vom Glauben ab.

Michael K.: Du weißt doch gar nicht, worin mein Glaube wirklich besteht!

Sascha D.: Aber wir ahnen es, wir ahnen es. Immerhin bist du altkatholischer Konfession.

Michael K.: Una sancta ecclesia. Recte dixisti!

Bärbel M.: O tempora, o mores!

Michael K.: Wahrlich, wahrlich, ich sage Euch: Die Frau kennt ihren Cicero!

Sascha D.: Ich wusste gar nicht, dass Du über Lateinkenntnisse verfügst, Bärbel.

Bärbel M.: Was glaubst Du denn? Immerhin bin ich eine Dame von Welt!

(Am Tisch erscheinen zwei Kellner mit Tellern, die mit den bestellten Speisen gefüllt sind. Sie servieren den Protagonisten das Essen. Marcus H., Bärbel M. und Sascha D. beginnen zu essen. Zugleich erhebt sich Jens G. von seinem Stuhl und geht zu dem Schemel, auf dem Michael K. sitzt, kniet vor diesem nieder, ergreift seine Hand und liebkost sie mit übertriebener Innigkeit)

Jens G.: Lieber Michael, Michel, wollen wir nicht diese dummen Streitigkeiten begraben? Ja? Wollen wir uns nicht wieder vertragen und die gestrigen Vorkommnisse vergessen? Was wäre beispielsweise, wenn wir zwei Hübschen es uns morgen Abend in einem netten Restaurant Deiner Wahl in einem intimen Chambre separée bei einer schönen Flasche Schampus so richtig gut gehen ließen? Da kommt man sich näher, da schmilzt das Eis ...

Bärbel M.: *(ihr Essen kauend)* Könntest Du Deine billigen Anmachsprüche vielleicht woanders ablassen?

Michael K.: *(über derartige Scherze alles andere als erfreut, mit gequälter Stimme aussprechend)* Ich glaube, mir wird übel ...

Jens G.: Sieh mal, Michel. Wir könnten im nächsten Sommersemester das Stück Orgia auch einmal im Casseler Studententheater inszenieren, so richtig mit allem Drum und Dran, ich stelle mich selbstverständlich gerne als Regisseur zur Verfügung.

Bärbel M.: Das ist eine der wenigen Aussagen, die ich Dir aufs Wort glaube.

Michael K.: *(zu Jens G. gewandt)* Hör doch endlich auf, mir permanent zu drohen!

Jens G.: Ja, so richtig mit nackten Statisten und künstlichen Penissen aus Requisiten.

Marcus H.: Na, da möchte ich nicht der Requisiteur sein.

Michael K.: *(entnervt ausrufend, dabei die Hände zum Himmel emporhebend)* Panhagía (Panhagia)! Davor möge der liebe Gott uns bewahren!

Jens G.: Da ist es wieder, Dein altes Problem. Immer wenn Du mit Deinem Latein ... ähh, ich meine natürlich mit Deinem Griechisch, am Ende bist, wendest Du Dich an den lieben Gott.

Michael K.: An wen soll ich mich denn sonst wenden?

Jens G.: Wie wär's zum Beispiel mit der Fachschaft Deiner Fakultät?

Marcus H.: Die hat zurzeit zu viel zu tun! *(tosendes Gelächter von allen Seiten)*

Jens G.: Verfluche mich, soviel Du willst, Michel. Aber eines Tages wirst Du mir dennoch zu Füßen liegen, denn wir sind beide keine Narren.

Michael K.: *(mit ungläubigem Unterton)* Wir?!

Jens G.: Es wird Dir in dieser Provinzmetropole niemals gelingen, einen standesgemäßen Gemahl zu finden, es sei denn, Deine Wahl fiele auf mich. Aber meine erste Amtshandlung als Dein Gatte bestünde darin, Deine Manieren zu bessern. Es würde mir ein Vergnügen sein ...

Bärbel M. *(noch mit ihrem Essen befasst, lacht)* Nun raspelst Du aber ganz gehörig Süßholz, werter Herr Kollege!

Michael K.: Mein armer Jens, nun hat er endgültig den Verstand verloren!

Marcus H.: O improbe amor, quid non mortalia pectora cogis. He, Garcon, mir noch ein Dessert: ich hätte gerne das Himbeersoufflé! *(ein Kellner eilt herbei)*

Kellner: Sehr wohl, der Herr. Wünschen die übrigen Herrschaften auch noch etwas Süßes?

Jens G.: Das Süße sitzt bereits neben mir!

Sascha D.: Habt ihr hier auch Tiramisu?

Kellner: Selbstverständlich, Monsieur. *(notiert sich die Bestellungen fürs Dessert)*

Sascha D.: Gut, dann nehme ich das! Sie können nun die Teller abräumen, die Herrschaften müssten alle mit dem Essen fertig sein. Michael, magst Du auch noch eine Nachspeise?

Michael K.: Du weißt doch, ich muss auf Taille achten. *(der Kellner schnipst mit den Fingern, zwei seiner Kollegen eilen herbei und tragen die inzwischen leergegessenen Teller fort. Nur Michael und Jens bestehen darauf, dass ihre Teller stehen bleiben, da sie noch nicht gegessen haben. Die Kellner gehen ab, sobald sie ihr Werk verrichtet haben)*

Jens G.: Es ist nicht leicht zu ertragen, wenn die Gefühle sich in Wallung und Wandlung befinden und nie gekannte Emotionen in der Brust toben. Man wird am Ende vollständig verwirrt. *(sobald er diesen Satz vollendet hat, steht er von seinem Stuhl auf und geht zu dem neben seinem Sitzplatz stehenden Schemel, legt sich quer bäuchlings darüber, seine Arme hängen hinab; er schließt die Augen. Daraufhin erhebt sich Michael K, setzt sich eine vergoldete Corona in Form eines Lorbeerkranzes auf, welche die ganze Zeit neben seinem Teller gelegen hatte und begibt sich seinerseits zu jenem Schemel. Er setzt sich auf die Kante des Schemels, direkt neben den scheinbar schlummernden Jens G. Sein Blick ist dem Publikum zugewandt)*

Michael K.: *(sobald er zu sprechen beginnt, rieselt von oben herab feiner Goldstaub)* Die Alten hatten einen Sinnspruch, er lautet gnoti sauton, 'Erkenne Dich selbst'. Metamorphosen und Selbsterkenntnis sind niemals einfach. Wer sich selbst erkennen will, der horche in sich hinein. Was unserer Natur, unserem Wesen und Eros entspricht, wird die Seele uns durch Empfindungen kundtun.

Jens G.: *(noch immer mit geschlossenen Augen liegend)* Aber was, wenn ich nach dieser Metamorphose ein anderer würde, als ich bislang zu sein glaubte?

Michael K.: Menschen wandeln sich, Kulturen wandeln sich, Reiche wandeln sich, wieso nicht auch unsere Affekte? Wieso sollte uns unser Gemüt nicht zum gnoti sauton führen? Lies bei Marc Aurel nach: Du musst nach den Dingen in Dir suchen.

Jens G.: Und was, wenn ich über diesen Prozess der Selbsterkenntnis zugrunde ginge?

Michael K.: Eher vergingen die ewigen Sterne als dass Du an dieser Metamorphose stürbest. *(Jens G. liegt schweigend und mit geschlossenen Augen noch immer bäuchlings auf dem Schemel. Er tut, als schliefe er. Der Regen von feinem Goldstaub hört auf)*

Bärbel M.: Ein Coming-out hat nun einmal die frappante Eigenschaft, ungeahnte Folgen zu zeitigen.

Marcus H.: Eindrucksvolle Predigt, doch recht taube Ohren bei demjenigen, den es angeht!

Sascha D.: Ich will ja nicht unken, aber was ist denn nun eigentlich mit dem Theaterstück, über das wir sprachen?

Marcus H.: Kinder, ich glaube, wir kommen heute bezüglich dieses Stückes auf keinen gemeinsamen Nenner mehr.

Bärbel M.: Und ich glaube, das ist auch besser so!

Marcus H.: Zumal das Ende hinsichtlich der Prostituierten in dem Bühnenstück ja auch offenbleibt. Wird sie diesem sadomasochistischen Zirkel endgültig entkommen?

Bärbel M.: Nie werden wir es erfahren.

Michael K.: Man will es auch gar nicht erfahren. Das ist das Typische an diesem Elaborat.

Bärbel M.: Aber seinen Adelstitel hatte Pasolini von seinem Vater. Eine alte italienische Adelsfamilie, die Pasolinis, er war von hoher Geburt, sozusagen ein *vir nobile natus*. Die Pasolinis stammten, wenn ich mich recht entsinne, aus der Nähe von Ravenna.

Michael K.: Manche Ephebophilen haben es eben an sich, adelig zu sein. *(Jens G. öffnet die Augen, erhebt sich, setzt sich wieder auf seinen Platz am Tisch und beginnt mit dem Mittagessen. Da kommen zwei Kellner mit den bestellten Süßspeisen, die sie Bärbel M., Sascha D. und Marcus H. servieren)*
Beide Kellner: Bitte schön, die Herrschaften, wir wünschen guten Appetit.

Sascha D., Bärbel M. und Marcus H.: Danke, danke, dann bitte auch die Rechnung.

Kellner: Sehr wohl, kommt sofort. *(beide Kellner gehen ab)*

Marcus H.: Kinder, ich als tendenziell autoritärer Vorstand unseres kleinen Kultursalons muss an dieser Stelle doch mal eingreifen. So geht das doch nicht weiter! Also: Manöverkritik an unserem theaterwissenschaftlichen Teil ist gefragt. Schließlich wollen wir uns nach dem Essen im Bergpark Wilhelmshöhe noch ein kleines Picknick am Nachmittag gönnen und dort zum lyrischen Teil unseres heutigen Salontages übergehen.

Bärbel M.: Michael fand's haarsträubend und führt zur Untermauerung seiner Einwände literarische und philosophische Begründungen an, wie Kritik am Nihilismus, Banalität, einen unglaubwürdigen Provokationsanspruch et cetera. Jens war begeistert von dem Aufrüttelungspotentials eines Pasolini und Ihr beide, Sascha und Marcus, habt Euch merkwürdig bedeckt gehalten. Lag's vielleicht auch an dem schmackhaften Essen und dem guten Wein?

Marcus H.: Das Dessert mundet noch immer, meine Liebe.

Sascha D.: Ich für meinen Teil bin durchaus mit Deinen Ausführungen, liebe Bärbel, einverstanden. Wie ich schon sagte, ich fand an dem Stück nichts wirklich Überzeugendes. Die Schilderung erotischer Ausschweifungen ist doch heutzutage nichts Besonderes oder Entlarvendes mehr. Und angesichts all der dort vorkommenden Zumutungen sollte man Schauspieler mit diesem Werk auch nicht behelligen.

Michael K.: Damit hast du zweifelsohne den Nagel auf den Kopf getroffen.

Jens G.: Diese Auffassung kann ich leider nicht teilen, Michel.

Michael K.: Das war mir klar!

Bärbel M.: Hört, hört!

Marcus H.: Also verbleiben wir folgendermaßen: Wir sitzen hier betroffen, das Stück Pasolinis ist besprochen und immer noch sind alle Fragen offen. (*Der Maître d' Hotel tritt erneut an den Tisch, in der Hand hält er einen kleinen Silberteller mit der Rechnung*)

Maître d' Hotel: Voila, meine Herrschaften, hier ist die Rechnung. (*das Licht erlischt, der Vorhang fällt, die Pause beginnt.*)

Dritter Akt

(Nachmittags bei Sonnenschein im Bergpark Wilhelmshöhe, die große Wiese vor der Löwenburg, die man im Hintergrund deutlich sieht. Rechter Hand beginnt ein bewaldetes Gebiet, linker Hand führt ein geschotterter Feldweg in Richtung auf die Burg zu. Marcus H., Bärbel M., Sascha D. Michael K. und Jens G. sitzen neben einer großen Picknickdecke, vor ihnen ein Picknickkorb. Sie haben Wein- und Wasserflaschen ausgepackt, ebenso Gläser, auf der Decke liegt in der Mitte zwischen ihnen ein großer Teller, gefüllt mit Weintrauben und frischen Feigen, dazu Käse. Als der Vorhang sich hebt, sieht man die Protagonisten lachend, weintrinkend und scherzend ihr Picknick abhalten und miteinander plaudern. Nur Jens G. sitzt abseits auf einem Zipfel der Decke allein)

Marcus H.: Liebe Freunde, lasst uns nun zur Belletristik kommen, Bärbel, Madame, könntest Du vielleicht das zur Diskussion stehende literarische Werk in wenigen Worten vorstellen?

Bärbel M.: Lieber sofort als nachher. In unserem heutigen germanistischen Teil wird es im wahrsten Sinne des Wortes 'klassisch'. Im Mittelpunkt steht diesmal das 1773 von Goethe verfasste Gedicht 'Prometheus', das ihr sicherlich alle kennt. Es geht um den Titanen Prometheus. Wie wir alle wissen, wurde dieser dafür, dass er den sterblichen Menschen zivilisatorische Gaben brachte, zur Strafe von den olympischen Göttern an das Kaukasusgebirge gekettet. Goethe legt seine Verse dem Prometheus in den Mund, der in diesem Text den Göttervater Zeus angreift. Letztlich verbirgt sich dahinter die Anklage des Pantheisten Goethe selbst gegen die Sphäre des Göttlichen: Ich euch, ihr Götter, verehren, wofür? Alles, was man auf Erden gibt, was man sehen, greifen, erfahren, durchleiden oder auch genießen kann, habe ich mir selbst erarbeitet oder dies ist Menschenwerk, nicht Götterwerk.

Marcus H.: Dann steht Zeus offenbar als Chiffre für die grundsätzliche, menschliche Vorstellung, dass es unsterbliche Gottheiten gibt, womöglich auch für den christlich-jüdischen Gott.

Bärbel M.: Ich denke, hier sollte man diffiziler argumentieren. Gerade die pantheistische Perspektive Goethes sollten wir vor dem Hintergrund seiner antikenbegeisterten Zeit nicht aus den Augen verlieren. Bedenken wir das mythologische Gerüst dieses lyrischen Textes: Der mit Zeus und den anderen Olympiern hadernde Prometheus klagt einerseits Zeus an, delektiert sich aber zugleich auch an dessen scheinbarer Machtlosigkeit: „Musst mir meine Erde doch lassen stehn, und meine Hütte, die Du nicht gebaut, und meinen Herd, um dessen Gluth Du mich beneidest." Ist das nicht eine bemerkenswerte Sicht auf den Olymp? Ein irdisches Wesen – wenn auch kein Mensch – mokiert sich über die himmlischen Götter, da diesen der Zugang zu den zivilisatorischen Komponenten der materiellen Weltwirklichkeit offenbar versperrt ist, während gerade das Leben hier auf Erden davon geprägt wird. Die Götter sitzen, wenn man Goethes Konzept einmal folgt, mehr oder minder machtlos in ihrer Götterburg ohne die Chance, in die Materie der Erde wirklich effektiv eingreifen zu können. Es ist die simple Glut des Herdes in einer Hirtenkate, um welche die Götter die Menschen angeblich beneiden und sie verfügen nicht einmal über reale Machtmittel, den Erdlingen selbst ihre einfachsten Behausungen streitig zu machen.

Michael K.: Also offenbar die Vorstellung von Göttern, die, ohne wirklich in die Lebenswelt der Menschen eingreifend, weit weg in einer transzendenten Sphäre über allem schweben, sich aber um die Angelegenheiten der Materialität scheinbar kaum mehr kümmern. Und dann eben diese Charakterisierung aus Goethes Mund: „Ich kenne nichts ärmers unter der Sonn' als euch, Götter!"[1] Pantheistische Vorstellungen über höhere Wesen waren gegen Ende des 18. Jahrhunderts in der aufgeklärten Gesellschaft Europas stark in Mode, denkt beispielsweise an jenes Etre suprème des Robespierre: Es stellt nichts

---

[1] Quelle: Johann Wolfgang von Goethe: Goethes Schriften, Band 8, Verlag G. J. Göschen, Leipzig 1789, S. 207 – 209.

weiter dar, als eine metaphernreiche Allegorie der Abgötter der Französischen Revolution von 1789, der Leitbegriffe, unter denen die Revolution angetreten war. Es hatte kaum inhaltliche Füllung, ebenso wenig wie die Götter in diesem Gedicht Goethes. Der Weimarer Geheimrat nennt zwar mehr oder minder formal den Namen 'Zeus', füllt ihn aber nicht mit den zentralen Inhalten der antik-griechischen Mythologie, die in der religiösen Vorstellungswelt der Hellenen mit dem Göttervater verbunden waren. Was ist mit dem blitzeschleudernden Zeus, mit dem Donnerer, mit dem Urbild des Anär, des Mannes schlechthin, welches die Griechen gerade von diesem Gott hatten?

Jens G.: Na, das ist doch so recht was für Dich, Michael, gelle? Endlich geht's um griechische Götter, um Deine geliebte hellenistische Mythologie, ja, ja, da kannst Du schon ins Schwärmen geraten. Aber, ich bitte Dich, langweile uns heute Nachmittag nicht damit, dass Du uns sämtliche Lesefrüchte aus Gustav Schwabs 'Sagen des klassischen Altertums' zum Besten gibst, die Dir Deine Mama 1980 am Kinderbettchen vorgelesen hat.

Michael K.: Wenn Du Dich jemals ernsthaft mit griechischer Mythologie und antiker Historie befasst hättest, dann bräuchtest Du jetzt nicht derart unqualifizierte Redebeiträge zu bringen.

Jens G.: Aber das ist doch albern, in der Welt der momentanen Postmoderne immer noch mit den alten Geschichten aus Griechenland von vor 2300 Jahren zu kommen. Das geht doch an der Lebensrealität der Leute heutzutage vorbei. Was sagt dieses Gedicht schon aus? Goethe bezweifelt die Macht von Göttern. Na und? Vielleicht war Goethe ja auch einfach nur ein verkappter Atheist. Sei's drum! Aber wenn ich nun auch mal zitieren darf. Diese Passage scheint eher für meine Annahme zu sprechen: „Hier sitz' ich, forme Menschen, nach meinem Bilde. Ein Geschlecht, das mir gleich sey, zu weinen, zu genießen und zu freuen sich, und Dein nicht zu achten, wie ich!"[1] Das heißt doch, dass der Atheist, den Goethe da durch den Mund des Prometheus

---

[1] Quelle: Johann Wolfgang von Goethe: Goethes Schriften, Band 8, Verlag G. J. Göschen, Leipzig 1789, S. 207 – 209.

sprechen lässt, sich offenbar an die Stelle des Creators setzen will, und diesen Creator nennt der Antikenfreund Goethe eben Zeus, aber er hätte ihn genauso gut auch Jahwe nennen können, da das ganze Gedicht doch im Grunde genommen nichts anderes darstellt, als ein atheistisches Manifest.

Marcus H.: Na, da muss ich Dir jetzt aber auch einmal widersprechen. Auf mich wirkt das Ganze eher wie ein pantheistisches Manifest.

Bärbel M.: Wenigstens ist's kein kommunistisches Manifest.

Sascha D.: *(während der ersten Silben lachend)* Nein, liebe Bärbel, dafür war nicht Goethe, sondern Karl Marx zuständig. Aber nun zurück zum Thema. Ja, das mit dem Atheismus ist so eine Sache. War Goethe nun Pantheist oder Atheist? Diese Frage stellte sich schon so mancher seiner Rezipienten. Es ist doch eine gängige Vorgehensweise der Atheisten, den Glauben an Gott oder wenigstens ein höheres Wesen dadurch entlarven zu wollen, dass man argumentiert, Götter oder generell transzendente Mächte seien wirkungs- und machtlos. Aber das ist doch ein alter Hut für die 'Saure-Gurken-Zeit', so kann man doch nicht argumentieren. Da geht man doch mit empirischen Methoden an religiöse Offenbarungen heran und diese lassen sich nun einmal per se nicht mit Hilfe der Empirie überprüfen. Der Glaube an den jüdisch-christlichen Gott, den Gott Abrahams, Isaaks und Jakobs, der zuerst in den Schriften der Tanach bezeugt wird, lässt sich doch mit solchen Taschenspielertricks nicht aus den Angeln hebeln.

Jens G.: Dass Du so etwas äußern würdest, war mir von Anfang an klar. Du glaubst ja auch heute noch, dass Weihnachten der Geburtstag des lieben Gottes sei.

Sascha D.: Es wird Dir nicht gelingen, mit Deiner Polemik die tiefe, unvergängliche Ethik der Offenbarung des Alten Testaments als obsolet erscheinen zu lassen. Schon die ersten elementaren Berichte im Buch Genesis sind voll ontologischer Bedeutung. Gleich zu Beginn treten uns Adam und Eva als allegorische Figuren entgegen, welche die gesamte Menschheit repräsentieren: Adam steht stellvertretend für die männliche Menschheit und Eva für die weibliche. Wo hat man sonst solch eine ganzheitliche, religiöse Offenbarung?

Bärbel M.: Diese Erkenntnis wird selbst an Dir, Jens, nicht ganz vorbeigehen können: Das Buch des Lebens beginnt mit einem Mann und einer Frau in einem Garten ...

Marcus H.: *(den von Bärbel M. begonnenen Satz vollendend, indem er ihr charmant ins Wort fällt)* ... und endet mit Offenbarungen!

Jens G.: Müsst ihr ausgerechnet in dieser Situation Oscar Wilde zitieren?

Bärbel M.: Es gibt wohl keine Lebenslage des postmodernen Menschen, in der es nicht angebracht wäre, Wilde zu zitieren.

Michael K.: Hört, hört!

Marcus H.: Goethe beschreibt also die Klage des Prometheus gegenüber Zeus, dem großen Olympier, nun gut. Aber wirkliche Informationen über Zeus und darüber hinaus generell die mythologische Welt der griechischen Gottheiten sind diesem lyrischen Text doch nicht zu entnehmen. Was ist Zeus in dem Gedicht? Wofür steht diese Figur? Einfach nur für irgendeinen schwammigen Göttervater? Genaue Angaben liefert der Autor leider nicht, man hat fast den Eindruck, was Bedeutung und Charakteristik des Zeus anbelangt, hielten sich die Kenntnisse Goethes in Ganzen. Da scheint er nicht so genau Bescheid zu wissen. Da stochert er im Dunkeln. Wenig präzise Aussagen, aus zweiter Hand Gewonnenes, werden dem Leser da aufgetischt.

Bärbel M.: Das kann ich mir ehrlich gesagt angesichts der umfassenden Bildung Goethes, seiner differenzierten und profunden Kenntnisse der antiken Welt nicht vorstellen. Möglicherweise hielt er diese Detailinformationen für die Adressaten des Prometheus-Gedichts für weniger angebracht, da er davon ausging, dass ohnehin jeder Leser wüsste, wofür Zeus steht und was es mit diesem Gott auf sich hat.

Michael K.: Ach, das waren noch Zeiten! Da kannte noch jedes Kind die Geschichten von Zeus und Europa, von Orpheus und Eurydike, von Perseus und Andromeda und von Herakles!

Jens G.: Hast Du nicht eben Zeus und Ganymed vergessen? Das ist eine Aussage, die Dir mal wieder ähnlichsieht. Mir sind ehrlich gesagt Informationen über gegenwärtige Regisseure Hollywoods lieber als verknöcherte Geschichtchen über die Hirngespinste irgendwelcher alten Griechen.

Sascha D.: Aber dennoch ist Marcus' Einwand doch nicht ganz von der Hand zu weisen. Was vermittelt das Gedicht wirklich über Zeus? Dass Goethe ein hochgebildeter, universell gelehrter Kenner der Antike war, das bestreite ich doch auch gar nicht. Doch was ist mit dem Zeus, den wir so kennen *(indem er lustvoll in sich hineinlacht)* - he, he, he – schätzen, dem machtvollen Beherrscher des Olymp, dem Liebhaber und Erotomanen von ungeahnten Ausmaßen?

Jens G.: *(mit gequält wirkendem Unterton)* Jetzt komme uns bitte nicht Zeus und Io und dergleichen. Das ist doch immer wieder dasselbe!

Sascha D.: Gerade darin zeigt sich aber doch die wahre Charakteristik des Zeus: Er ließ eben im wahrsten Sinne des Wortes nichts anbrennen.

Jens G.: Na ja, damit befindet er sich mit Dir ja durchaus auf derselben Ebene.

Michael K.: Aber eben dies, was Sascha eben anmerkte, macht das Urbild des griechischen Anär, des Mannes schlechthin, doch aus.

Marcus H.: Ja, wer von uns ist bekannt mit den immer wieder gern gelesenen und gehörten Metamorphosen, die das Liebesleben des griechischen Göttervaters, den die Römer auch als Jupiter kannten, so trefflich beschreiben?

Michael K.: Das Entscheidende ist doch die Klage des Prometheus, die sich gegen Zeus richtet. Und wir dürfen nicht vergessen, dass Prometheus ein großer Freund der Menschen ist, sozusagen ein Philanthropos. Prometheus brachte den Menschen gegen den Willen der Götter das Feuer und kulturelle Errungenschaften. Dafür, für seine Menschenfreundlichkeit, wurde Prometheus an den Kaukasus geheftet. Ausgerechnet die Philanthropie ist es, die bestraft wurde. Und dagegen wendet sich Prometheus in seiner Klage auch.

Jens G.: Jetzt komm' bitte nicht wieder mit Deiner neutestamentlichen Ethik! Menschenfreundlichkeit, wenn ich das nur schon wieder höre! Gleich kommst Du uns auch mit Jesus von Nazareth, wie ich Dich kenne, wie? Ich gehe jede Wette mit Dir ein: Auf Deinem Nachttisch liegt das Neue Testament im griechischen Urtext und gleich daneben liegen die Ilias und Odyssee.

Bärbel M.: *(schmunzelnd)* Ja, und direkt daneben liegt Arrians Alexandergeschichte.

Michael K.: *(das mit griechischem, geharztem Weißwein gefüllte Glas anhebend)* Auf Homer, den heiligen Johannes und den großen Alexander!

Jens G.: Wusst' ich's doch! Du kannst Deinen Hellenismus nicht verbergen, er dringt Dir durch alle Poren.

Michael K.: *(erhebt sich von seiner Sitzposition, legt sich eine purpurfarbene, mit feinen Goldstreifen durchwirkte Seidentunika über eine Kleidung; diese lag seit Beginn des dritten Aktes direkt neben seinem Sitzplatz am Rande der Picknickdecke auf dem Boden. Er greift auf der anderen Seite seines Sitzplatzes auf den Boden und hebt eine vergoldete Corona in Form eines Lorbeerkranzes auf. Er setzt sich die Corona aufs Haupt; in der rechten Hand hält er sein Weinglas, welches er wie zu einem Trinkspruch in die Höhe hebt)* ... Andra moi ennepe, Musa, polütropon, hos malla polla planchtä, epei

Trojäs, hieron ptoli-ethron epersen pollohn d'anthropohn iden astea kai no-on engnoh polla d'ho g'en pontoh pathen algea hon kata thümon arnümenos hen te psüchän kai noston hetairohn. (Muse, erzähle mir vom wendigen Mann, der die heilige Feste Trojas zerstörte ...)

Jens G.: Sag mal, Michael, schläfst Du eigentlich mit der Tusculum-Ausgabe von Homers Odyssee unter dem Kopfkissen?

Michael K.: Das würde ich nie wagen, damit stellte ich mich doch auf eine Stufe mit dem großen Alexander! Aber immerhin wäre das besser, als mit Pasolinis Freibeuterheftchen unter dem Kopfkissen zu schlafen.

Marcus H.: Mit der Odyssee unter dem Kissen zu schlafen wäre aber nun wirklich der Hybris ein wenig zu viel, lieber Freund.

(Michael K. legt die Corona und die Seidentunika ab und begibt sich mit seinem Weinglas wieder auf seinen Sitzplatz.)

Bärbel M.: Und eine Massenhochzeit zu organisieren traue ich Dir – bei aller Hochschätzung, die ich für Dich empfinde, lieber Michael – nun denn auch nicht zu.

Jens G.: Und einen Sieg über die iranische Armee schon gar nicht *(kichert lustvoll in sich hinein.)*

Sascha D.: Und dass Michael Paläste niederbrennt, das halte ich auch eher für unwahrscheinlich.

Bärbel M.: Dafür ist sein Alkoholpegel noch nicht hoch genug! *(daraufhin lacht Jens G. Schnippisch auf)*

Jens G.: *(noch lachend)* Dann müsste er mit diesem alten Gemäuer da hinten *(deutet auf die Löwenburg im Hintergrund)* hier mal anfangen. So viel überzogener, imperialistischer Luxus auf einem Haufen!

Bärbel M.: *(deutet mit der Hand auf einen Teller vor Jens G.'s Platz, der über und über mit Feigen, Käse und Weintrauben gefüllt ist)* Immerhin scheint der imperialistische Fraß, der hier gereicht wird, gerade Dir aber trotz allem nur ganz gut zu schmecken, lieber Jens.

Marcus H.: Na, na, na, Jens, beleidigst Du etwa meinen Geschmack, was das Essen bei Picknicks anbelangt?

Jens G.: Nicht im Geringsten, lieber Freund, nicht im Geringsten.

Michael K.: Spottet ihr nur alle, ihr Lästerer! Ihr werdet die wahre Größe der hellenistischen Kultur niemals verstehen.

Jens G.: Wenn Du Deine Kultur als hellenistisch begreifst, was ist dann Deine Religion?

Michael K.: Der getaufte Hellenismus!

Jens G.: Aha, daher auch diese skurrile Bilderverehrung in Deiner Wohnung?

Michael K.: Es handelt sich bei den Ikonen nicht um bloße Abbildungen, sondern um Vergegenwärtigungen des Heilsgeschehens und der Heiligen.

Sascha D.: Womit wir wieder beim Ausgangsthema angelangt wären: Was ist Kunst?

Bärbel M.: Ja, Beuys sagt, dass jeder Mensch ein Künstler sei, also ist auch jeder Mensch ein potentieller Erschaffer von Ikonen.

Jens G.: Da wäre sie wieder, die alte Ordnung: Mutter, Vater und das Kind.

Bärbel M.: Ja, ja, so ist's. Weiblein und Männlein gehören nun einmal zusammen!

Michael K.: Und Männlein und Männlein desgleichen.

Marcus H.: Vielleicht gehören ja auch einfach Menschlein und Menschlein zueinander. Ein Liebesprinzip, das so wunderbar ganzheitlich ist.

Michael K.: Adam, Eva und die Schlange, fertig ist das Paradies!

Bärbel M.: Also, mein lieber Freund, ich muss Dir sagen, dass mir Deine Scherze recht banal erscheinen.

Sascha D.: Dies ist doch wirklich ein ergiebiger Nachmittag geworden, viel ergiebiger *(sieht dabei demonstrativ Jens G. an)* als Du dachtest.

Jens G.: Mitnichten, mitnichten, viel ergiebiger, als Du dachtest, lieber Sascha. Dein Problem ist, werter Sascha, dass Du Dich immer schon verbeugst, noch bevor der Vorhang gefallen ist.

Sascha D.: Und Dein Problem ist, dass Du nie erkennst, wann das Spiel vorüber ist. Wie wäre es, wenn Du nun endlich einmal frank und frei zu Deiner Natur und Disposition stündest, anstatt uns hier weiterhin diese Komödie vorzuspielen?

Marcus H.: Wie Jens sich inszenieren möchte, steht ihm frei. Fest steht jedoch, dass Menschlein und Menschlein zusammengehören, Weib und Mann und Mann und Weib, Weib und Weib und Mann und Mann.

Sascha D.: Ja, das bisexuelle Prinzip ist permanent damit beschäftigt, alles auf so wunderbare Weise zu vervollkommnen.

Jens G.: Wie war das noch gleich mit Adam, Eva und der Schlange? Zur eigenen Natur stehen? Warum eigentlich nicht?

Bärbel M.: Das Buch des Lebens beginnt mit einem Mann und einer Frau in einem Garten - und endet mit Offenbarungen.

Michael K.: Madame, Du fängst an, dich heute Nachmittag zu wiederholen.

Bärbel M.: Iwo, lieber Michael, es war doch wahrhaft ein Sommertag der Offenbarungen.

Sascha D.: Offenbarungen und Bekenntnisse: das Salz jeder Theologie!

Jens G.: *(erhebt sich, tritt vor und steht dem Publikum direkt vis-à-vis gegenüber)* Wenigstens weiß ich nun endlich, wie unsagbar wichtig es ist, ganzheitlich zu sein!

(Ende des Stückes; der Vorhang fällt.)

Über den Autor

Andreas Mohr, geboren 1973 in Bad Hersfeld; Studium der Geschichte und Politologie an der Universität Kassel 1992 - 1999; Kollegiat des Graduiertenkollegs „Reiseliteratur und Kulturanthropologie" an der Universität Paderborn 1999 - 2003; Promotion in Mittelalterlicher Geschichte 2003; Lehrbeauftragter im Fach Mittelalterliche Geschichte an der Universität Kassel 2004 - 2005 und 2008 - 2010; Stipendiat des Instituts für Europäische Geschichte (Mainz) 2005 - 2007, wissenschaftlicher Mitarbeiter im Forschungsprojekt „Controversia et confessio" bei der Akademie der Wissenschaften und der Literatur (Mainz) 2007 - 2010; Wiederaufnahme des Lehramtsstudiums 2010 und Erstes Staatsexamen für Lehramt an Gymnasien 2013, seit 2009 Dozent an der VHS Region Kassel im Bereich der Erwachsenenbildung in den Fächern Latein, Altgriechisch und Geschichte sowie seit 2016 zudem Lehrkraft in den Aufgabenfeldern Deutsch als Fremdsprache und Alphabetisierung.

Zeitfracht Medien GmbH
Ferdinand-Jühlke-Straße 7
99095 Erfurt, Deutschland
produktsicherheit@kolibri360.de